沉醉于静静的珞珈山课堂

金融工程教学笔记

叶永刚◎著

光明日报出版社

图书在版编目（CIP）数据

沉醉于静静的珞珈山课堂：金融工程教学笔记 / 叶永刚著. -- 北京：光明日报出版社，2025. 5. -- ISBN 978 - 7 - 5194 - 8770 - 6

Ⅰ. F830. 49

中国国家版本馆 CIP 数据核字第 202555QG24 号

沉醉于静静的珞珈山课堂：金融工程教学笔记

CHENZUI YU JINGJINGDE LUOJIASHAN KETANG：JINRONG GONGCHENG JIAOXUE BIJI

著　　者：叶永刚

责任编辑：杨　茹　　　　责任校对：杨　娜　李海慧

封面设计：中联华文　　　责任印制：曹　诤

出版发行：光明日报出版社

地　　址：北京市西城区永安路 106 号，100050

电　　话：010-63169890（咨询），010-63131930（邮购）

传　　真：010-63131930

网　　址：http：//book. gmw. cn

E - mail：gmrbcbs@ gmw. cn

法律顾问：北京市兰台律师事务所龚柳方律师

印　　刷：三河市华东印刷有限公司

装　　订：三河市华东印刷有限公司

本书如有破损、缺页、装订错误，请与本社联系调换，电话：010-63131930

开　　本：170mm×240mm

字　　数：314 千字　　　　印　　张：17. 5

版　　次：2025 年 5 月第 1 版　　印　　次：2025 年 5 月第 1 次印刷

书　　号：ISBN 978 - 7 - 5194 - 8770 - 6

定　　价：95. 00 元

前　言

这本书写作之前，我就在书名上花了不少时间琢磨，想来想去，还是确定用现在的这个名称：《沉醉于静静的珞珈山课堂——金融工程教学笔记》。

首先，我在这里向大家解释为什么要写课堂。那是因为我的职业是一个教师，即世人所说的“教书匠”。我这一辈子从小学一年级一直教到大学博士研究生。上大学之前，我是民办教师，大学毕业之后，一直留在武汉大学教书，直到今天写前言，我还站在课堂讲课。因此，课堂是我人生的起点，也是我的终点，在起点和终点之间，它就是我的阵地，就是我的“道场”。

其次，向大家解释为什么要写“金融工程”，因为我在武汉大学留校后，开始讲授的是国际金融。1996 年出国，在美国康奈尔大学进修金融工程。1997 年回国之后，在武汉大学首开“金融工程”课程。2022 年，我和全国的同行们一起在中国的这片土地上创办金融工程专业。从那时候开始，我一直坚守在这个阵地上，给武汉大学的同学们讲授金融工程课程。

再次，解释为什么要写“教学笔记”。这本书的重点是要写我在课堂上怎么给学生上课和自己在课堂上的所见所想。之所以要这样去写，是因为我想将自己多年来对这门课的教学过程做一个总结。但这种总结并非要全面系统地进行，而是希望截取其重点、难点和精粹，以一种最为形象和通俗的表述方式，留给在课堂从事教学的老师们、在这个学科学习的同学们，以及没有学过这个专业，但又渴望能有机会了解和熟悉这门学科的读者们。

从次，为什么要写静静的“珞珈山”。是因为珞珈山是武汉大学的所在地，也是武汉大学的代名词。我 1979 年考入武汉大学之后，就一直没有离开这里了。我几乎走遍了全世界的主要大学，在我的心目中，武汉大学是全中国最美丽的大学，也是全世界最美的大学。在这样的地方读书、工作和生活，能不幸福吗？能不骄傲吗？能不自豪吗？能不写作吗？能不静静的吗？

最后，为什么要冠以“沉醉”二字呢？“沉思”不好吗？“沉浸”不好吗？因为我自己认为，“沉思”重在思想，“沉浸”重在学问，而我所要表达的不仅是这些，就我的人生阅历而言，我觉得全世界能够达成共识的人生准则大抵就是“真、善、美”三个字，我希望自己在写这本书时能够尽量做到“三管齐下”。一是“真”，这就是我们武汉大学校训中所说的“求是”，这也就是我想在这本书中给大家讲授的课程精髓。二是“善”，这种善主要体现在学生与教师两个层面，在学生层面，以使每一个想学好这门课程的人都能从中受益。在教师层面，让每一个本专业的教师都能从中得到启发和参考。三是“美”，我希望将这里的每一篇都写成美文，让大家在阅读的过程中体会到一种美感，因此反复推敲，还是觉得选用“沉醉”二字为好。“沉醉”二字虽然包括这三个字的内涵，但它重在第三个字“美”！这种美是一种赏心悦目之美，是一种刻骨铭心之美，是一种庄严圣洁之美，更是一种宁静痴迷之美！

谨以这些发自内心深处的话语献给我们美丽的珞珈山，献给我们宁静的东湖水，献给我们朝夕相伴的课堂，献给我们波澜壮阔的金融工程学科，献给我们正在崛起的伟大祖国！

叶永刚

2022 年 11 月 9 日

于珞珈山

目　录
CONTENTS

第一章 01

课前寄语

在南一楼的那个夜晚

——珞珈山课堂随想之一

在春天的一个晚上，我在南一楼给同学们上课。

讲着讲着，我忽然讲不下去了。我听见了窗外的鸟声。

“布谷布谷……”那是一只布谷鸟在唱歌。它不是在天上一边飞翔一边唱歌，而是站在窗外的一棵香樟树上唱着。它的歌声极其清脆、婉转，就像月光下的小溪水，潺潺地流淌着，流过窗外，流进课堂。

它一直不肯离开那棵香樟树，一声接一声地在窗外唱着，好像它今夜的任务，就是来这儿唱歌，并且专门来为我们唱歌。

我索性放下教案，停止讲授，请同学们课间休息一下，静听这布谷鸟的歌唱。

窗外的布谷鸟声将我带回了故乡的岁月。

每年春天的这个时候，布谷鸟就飞回来了。飞过田野，飞过村庄，飞过蒙蒙细雨，飞过袅袅炊烟。它一边飞着，一遍呼唤：“布谷布谷。”

布谷鸟是一种催春的鸟，也是一种催耕的鸟。人们在布谷鸟的叫声中，扛着犁、赶着牛，走进河畔的地头。女人们扛着锄头，谈着笑着，吵着闹着，忙着去田间播种插禾。我们这些小孩子们，也不敢闲着，提着菜篮子到野外打猪草……

在布谷鸟的叫声中，人们忙碌着、欢笑着，心中充满着劳动的欢乐和丰收的希望……

在布谷鸟的叫声中，我们戴着红领巾去上学，走在路边的山坡上，拾起地上的蒲公英，用小嘴巴吹着，让一朵接着一朵的“小伞”，带着我们无数的梦想，飘向远方……

听着窗外的布谷鸟声，我几乎产生了一种幻觉，我几乎觉得今夜就是我的故乡之夜，月光就是老家门前的月光，树上的布谷鸟就是当年在我头顶上飞着唱着的那只布谷鸟……

那只布谷鸟来了，它看我来了。它给我带来了故乡春天的消息，给我捎来了父老乡亲对我的一片期待。他们期待着，要我不要忘记那些欢乐的童年和艰辛的岁月，要我不要辜负了那些黄土地对我的一片恩情，要我一定要保持劳动人民的本色，踏实做事，宽厚待人，像种庄稼一样，培养出一批又一批国家栋梁之材……

布谷鸟还在窗外唱着，我说："上课了，同学们!"

我又开始站在讲台上，昂首挺胸，滔滔不绝，讲起我心爱的金融工程。此时此刻，我觉得我的讲解，一半是在讲给课堂上的同学们听，一半是在讲给窗外的布谷鸟听……

叶永刚

2022 年 11 月 6 日

于珞珈山

课前寄语（之一）金融工程与诗

对我们这些长期在大学教书的老师来说，长时间的教学养成了我们守时的习惯。我们不能迟到，迟到是一种教学事故。不仅不能迟到，而且要做到提前一刻钟进入教室。

这提前一刻，能不能也利用起来呢？

有一年，我在给一个班的学生讲“金融工程”课的时候，做了一种尝试。

我找来一些诗词推荐给大家。每次上课都根据当时的季节和时令，挑出一首小诗来，写在黑板上，一边等着学生来上课，一边聊一聊这首诗。等到学生来了，上课铃声响了，我们就会言归正传，开始上课。

比如，春天来了。

我们就聊一聊杜甫的《春夜喜雨》：

好雨知时节，当春乃发生。
随风潜入夜，润物细无声。
野径云俱黑，江船火独明。
晓看红湿处，花重锦官城。

讲这首诗时，不仅启发学生热爱生活，热爱大自然，而且嘱咐自己做一个出色的老师，努力掌握教学艺术，像春雨一样，做到“润物细无声”。

如果夏天来了呢？

我们就谈一谈杨万里的《晓出净慈寺送林子方》：

毕竟西湖六月中，风光不与四时同。
接天莲叶无穷碧，映日荷花别样红。

这首诗让我们在炎热的夏天里，仿佛身临其境地看到“接天莲叶”“映日荷花”，感受到了荷塘的凉爽和嗅到荷花的清香。

如果赶上了秋天，我们就说一说刘禹锡的《秋词》：

自古逢秋悲寂寥，我言秋日胜春朝。
晴空一鹤排云上，便引诗情到碧霄。

我就用这首诗来激发大家的凌云壮志和冲天豪情。

到了冬天呢？

我们就讲一讲岑参的《白雪歌送武判官归京》：

北风卷地白草折，胡天八月即飞雪。
忽如一夜春风来，千树万树梨花开。

这就使我们即使在严寒的冬天里，也可以感受到春天般的温暖……

每次上课，同学们生怕迟到，错过了学习和讨论诗歌的机会。后来，大家高兴地将课前的诗歌讨论戏称为“开心一刻”。

我并没有让大家仅停留于这种文化的熏陶，而是尽量将这种讨论与我们的金融工程结合起来分析。

我告诉同学们，“我们金融工程的教学目标，是要培养无数出色的金融工程师。我们的金融工程师不仅要有精湛的金融创新艺术，而且要有诗和远方。我们要用诗人写诗的方法来进行金融工具的排列组合，形成一个个行之有效的金融工程产品和方案。从这个意义上讲，我们每一个金融工程师都是诗人……”

在课前这宝贵的一刻钟里，我们的金融工程和诗歌就这样“相逢”了……

叶永刚
2022 年 11 月 7 日
于珞珈山

课前寄语（之二）金融工程与草木

为了做好课前的准备工作，调动大家学习“金融工程”这门课程的积极性，我经常调整思路，做出各种新的尝试。

有一年，我为本科学生讲“金融工程概论”。

每次在我走向课堂的时候，就在校园的山路上，找来一种草木，课前让学生们辨认，激发学生们对武汉大学校园的热爱。

武汉大学最有名的草木应该就是樱花了。

有一年春天，我拍摄了早樱，让大家猜一猜。然后告诉他们，武汉大学不仅有中樱、晚樱，还有早樱，它们在每年的春天，最先在珞珈山的南山坡上开放，接着，一樱引来万樱开……

接下来，我鼓励同学们去体会在樱花树下读书的感受，看一下自己能不能找到读书和赏樱一样的浪漫。

又有一次，我摘到一根香樟树枝，分给同学们看，让他们闻一闻，这根树枝有什么气味。

同学们闻后都说：“好香好香。”

我问大家是否注意到了校园的这种植物。在武汉大学校园里，漫山遍野都是这种树木。这种树的优点太多了，它们使武汉大学的校园几乎一年四季都是春天。因为它们即使在冬天也不落叶，甚至越是下雪越是青葱。它们开花的时候，花粒细小，极不显眼。但是，它们散发出来的香气，却可以香透珞珈山的白天和黑夜，让人感觉地上的泥土和周围的空气，都在散发着清香。

到了冬季，香樟树的籽粒成熟了。它们简直就是一颗颗黑珍珠，密密麻麻地压弯了枝头，天南海北的鸟儿都飞来了，都来这儿过冬。香樟籽儿就是它们最好的食物。这些鸟儿们一边啄着香樟籽儿，一边歌唱。在这些鸟儿唱歌的地方，它们啄着的籽粒，撒落地下，就像一阵阵的春雨，沙沙地脆响……

鸟儿们飞起的时候，将吃剩的香樟果实衔向四面八方。每年的春天，在洒过春雨的地方，到处都是珞珈山的香樟树苗，在春雨中茁壮生长……

在金色的秋天，我给同学们拾来一片枫园的落叶。

我告诉同学们，在他们读书倦了时，抽空到枫园走一走。去那里看一看，秋风吹过，地上的落叶被风吹起，就像一群群的鸟儿飞翔……

在桂园上课时，我为大家讲武汉大学的桂花趣事，并告诉他们，在武汉大学有一棵从山里迁移来的桂树，人称“桂树之王”。那花随风一吹，满校园几乎可以闻到它的花香。当然，我讲这“桂树之王”时，不免有些夸张。

一学期的课程下来，我就可以讲完武汉大学最主要的树木和花香了，和同学们一起，分享了校园的优良物种和美丽的景色。

贯穿一学期的课程，我反复向同学们强调，我几乎走遍了世界最著名大学的校园，但是，就我而言，我觉得只有武汉大学的校园才是世界上最美的校园。在这样美丽的大学读书，一定可以成为优秀的人。

叶永刚

2022 年 11 月 7 日

于珞珈山

课前寄语（之三）金融工程与《易经》

能不能在“金融工程”课程的教学中，融入中国文化元素呢？

在课前的这一刻钟，我利用中国的古诗来提高学生们的文化素养，这是我已经尝试过的方法。后来，我又尝试在课前讲一讲中国哲学著作《易经》。

每天上课之前，我在黑板上给大家画上一卦，然后给同学们讲一讲这一课的基本内容，并讲一讲卦象和我们“金融工程”课程的关系。

第一次上课，我给他们画了一下乾卦。

接着，我从乾卦讲到了武汉大学的校训，“自强、弘毅、求是、拓新”。我告诉大家，“自强”就来自乾卦，来自“天行健，君子以自强不息”。

再接着，我讲到了金融工程的培养目的，我们就是要培养出具有“自强不息”精神的金融工程师。

第二次上课之前，我给他们画出坤卦。讲到“地势坤，君子以厚德载物”，并激励同学们志存高远，做“顶天立地”的“君子”。

第三次上课，讲到水雷屯卦，我给他们讲单卦与复卦的关系。由此讲到哲学的阴阳平衡和数学的排列组合，讲到金融工程中的积木分析法。

后来，讲到火风鼎卦时，给他们讲金融创新。

讲到水火既济卦时，给他们讲国企混改。

最后，给他们讲水火未济卦时，讲到系统论。

课程快要结束时，我们对易经八卦的内容做了一个简单的小结，跟大家聊一下内经图，并将太极图和内经图的内容融合起来，构建我们的“金融工程套利图”。

这学期的课程讲完后，我十分开心。我觉得我终于抓住课前这一段时间，向同学们介绍了一下中国文化源之一头的《易经》，这启发同学们思考了中国文化和金融工程课程学习之间的关系。

中国的文化自信就这样一卦接着一卦，一步连着一步，走进了我们的金融工程课堂……

叶永刚
2022 年 11 月 8 日
于珞珈山

课前寄语（之四）金融工程与校园文化

有一年春天，学校将“金融工程”的课程安排在樱园樱顶上的教室里。

走遍全中国，走遍全世界，在我的心目中，武汉大学校园是最美的。武汉大学有几个非常著名的园区，如樱园、梅园、枫园、桂园。

在这四大园区中，以樱园最为人们称道。樱园的建筑堪称世界一绝。依山傍水、中西合璧、层次分明、美轮美奂。它的宏大和秀美无论怎么形容都不为过。能在这种学校读书、工作和生活，怎叫人不感到赏心悦目和心旷神怡呢？

樱顶上最标志性的建筑是老图书馆。东侧是过去的文学院，西侧是过去的法学院。此时，我正在法学院的教室里准备给同学们上课。

我对大家说：“你们走进这座布达拉宫式的建筑，有一种什么样的感觉？”

有的说，雄伟；有的说，浪漫；有的说，漂亮；有的说，质朴。我充分肯定了大家的各种说法。然后对他们说：“我觉得还应该有一种感觉，那就是庄严。”

我接着往下讲：“大家上课时沿着山林往上走。首先走进长长的樱花大道。这里樱花烂漫，绯红色的花海与樱顶上翡翠般的琉璃瓦建筑交相辉映。在这种花丛中漫步，当然是一种浪漫的感觉。当你抬头张望时，你看到整个建筑群依山顺势而建，巍然屹立在山峰之巅，当然是一种雄伟的感觉。但是，如果你朝着樱花大道中间的门楼往上走时，你会有一种截然不同的感觉，你一步一步向上攀登，越爬越慢，越爬越陡，快到山顶时，你感到气喘吁吁，心中不免会有一种想要放弃的想法了。可就在这时，你抬起头来，一座高高的图书馆，就像一个神圣的殿堂，金碧辉煌，闪耀在你的前方！”

我接着对大家说：“这时候，你所有的劳累和疲倦，全都烟消云散了。你一定会对眼前的景物感到震撼！原来在世界上还有如此绝美的地方，简直就像仙山琼阁，神殿圣堂！”

我讲着这些，紧接着又给大家提了一个问题：“你们知道武汉大学构建这种形体的用意是什么吗？”

同学们都瞪大眼睛望着我。我说：“那就是要我们在这里切切实实感受到，在科学的道路上，要想达到光辉的顶点，没有捷径可走，需要一步一步登攀！”

于是，在这樱花烂漫的春光里，我们开始上课了。此刻，我感觉自己正带领着同学们，朝着“金融工程”这门学科的山顶，奋力攀爬……

叶永刚

2022 年 11 月 8 日

于珞珈山

第二章 02

课程导读之一：导论

关于导论说

——珞珈山课堂随想之二

第一次走进这门课程的课堂，首先要讲的内容就是导论。

在导论部分要达到什么目的呢？

要让大家对本课程有一个基本的了解，要提起同学们对这门课程学习的兴趣甚至是渴望，要让学生们掌握学习这门课程的主要方法。

当我站在讲台上时，我要告诉他们：

1. 什么是金融工程；
2. 金融工程有哪些主要内容；
3. 为什么要学习金融工程；
4. 怎样学习金融工程。

至于金融工程课程的具体内容，则需后面的课时去讲解。

我告诉大家：我希望在课堂上对大家的快乐负责；我希望在大家的心里燃起一团追求知识和真理的熊熊之火；我希望每一个同学都能够成为一个出色的金融工程师，最好能够成为金融工程大师；我更希望每一个人走出这门课程的教室之时，会感觉到自己的目光更加坚定，自己的心胸更加宽广，自己的脚步更加沉稳……

叶永刚

2022 年元旦

于珞珈山

金融工程是一门念好“三字经”的学问

2022 年 9 月 5 日下午 6 点 30 分左右，我走向武汉大学教学楼 109 教室，去上“金融工程创新艺术”第一课。

我走向教学楼时，正值傍晚。武汉大学校园的傍晚美极了。夕阳西下，红霞满天，金黄色的阳光将珞珈山和文化广场渲染得一片灿烂。

上课了。这门课是学校的通识课，张培、刘勇和我一起主讲，范文婷作为助教辅导教学。

张培老师首先开场，刘勇老师接着发表感言，我讲第一课。

我首先和大家分享了两种感受。

其一，我走在文化广场上，不仅感受到了夕阳、晚霞和美丽的珞珈山，还感受到了教学楼前的一片凌霄花正在怒放。

我对同学们说：“大家不要因为舒婷写过一首《致橡树》，你们就瞧不起这些凌霄花，那只是舒婷笔下的凌霄花。我们武汉大学校园里的这些凌霄花，可不是一般的凌霄花，你们看它们攀缘着这些石头围墙，让自己的花朵就像一支支小号角，在蓝天白云之下吹响。我们的同学不就是要像它们一样，沿着校园的图书馆，沿着我们的课堂，沿着我们老师的肩头攀缘吗?”

同学们笑了，给了我热情的掌声。

我紧接着给他们分享了第二种感受。

9 月 10 日就是我们的教师节了。我过去在中小学教过书，讲过韩愈的《师说》。韩愈说：“师者，所以传道受业解惑也。”几十年当老师下来，我时常想一个问题。师者为什么要“传道受业解惑”呢？不就是要让学生们成才吗？不就是要让大家在师者这里听了课，受到启发，从而少走弯路吗？

同学们又笑了，又给了我热情的掌声。

课堂气氛就这样很快活跃起来，我开始讲课了。按照张培老师在开场白中的要求，我主要讲一个问题：什么是金融工程？

我告诉同学们，要给大家讲三个故事。大家听懂了这三个故事就明白什么是金融工程了。

第一个故事，草船借箭。这个故事家喻户晓，人人皆知。三天之内要造十万支箭，这怎么可能呢？但诸葛亮做到了。

为什么诸葛亮能做到而常人做不到呢？因为常人的思维模式是“巧妇难为无米之炊”，而诸葛亮的思维模式是“巧妇就是要为无米之炊”！从哲学上讲，这是有限与无限之间的关系。

诸葛亮借的是“箭”，而我们的金融工程借的是“钱”。道理是一样的。

顾名思义，金融就是资金融通，通俗地讲就是借钱，就是一个“借”字了得！

明白了金融就是借钱的道理后，我们就明白了钱从哪里来的道理了。

我们再来听第二个故事。第二个故事叫“飞蛾扑火”。有一年夏天我在澡堂洗澡，看见无数的飞蛾向玻璃窗扑去。当我抬起头时，发现极其恐怖的一个场面：窗台上正趴着几只壁虎。飞蛾扑来一只，就被壁虎吃掉一只。很快，玻璃窗上一片血肉模糊了。

为什么地上爬的壁虎能够吃掉天上飞的飞蛾呢？不就是因为这些壁虎找到一个很好的“切入点”吗？这叫作什么？这叫作路径优化，叫作“小切口，大变局”。懂了这个故事就明白了金融工程的又一个要义，即钱往哪儿去。钱不就是要往成本小收益大的“切入点”去吗？这就涉及第二个字“赚”了。

我们再来讲第三个故事。第三个故事叫“酒醒之后”。

我有一次到一个地方调研。当地人告诉我一件事，说他们的领导做报告很有水平。为什么会很有水平呢？因为别人做报告时喝茶，而他做报告时，喝的不是茶，而是酒。越讲越有激情，可以使大家热血沸腾！

后来上级组织部门了解到了群众的好评，为了进一步培养他，决定做进一步考察，并通知他到组织部去面谈。

该领导同志第二天早上起来，先喝了一瓶酒出门，高高兴兴地赶去汇报。谁知半路堵车，酒劲全堵没了。后来的面谈有气无力，极不理想，极大地影响了组织部门对他的看法。这故事的真假有待做进一步考证，但它所要说明的道理却不难理解。

从我们金融工程的道理来讲，这叫作什么？这不就叫作“风控不力”吗？而金融工程的第三要素恰恰就是“风控”！

具体讲就是“钱的风险如何控制”。如果我们学过金融工程的人来给那位领导出主意，那很简单，在车上多放两瓶酒不就“控制风险”了嘛！

理解了第三个故事，我们就可以理解与金融工程相关的第三个字，即

“还”，借了钱要能够控制风险，还得起所借的本金和利息。

同学们听完了这三个故事，我们就可以再来回答什么是金融工程了。

通俗地讲，金融工程是一门运用金融创新解决金融财务问题的学问。要想学好金融工程，就得念好“三字经”，即“借、还、赚”。借得到就得还得起，还得起就得赚得到。念好这“三字经”，就懂得了如何运用金融去推动经济发展。

我们念好了“三字经”，就可以解决金融和经济中的三个问题。念好了“借”字就解决了钱从哪里来的问题；念好了“赚”字就解决了钱往哪里去的问题；念好了“还”字就解决了钱的风险如何控制的问题。

这三个问题解决了，这不就解决了金融和经济的关系问题了吗？

听完了我讲的课，同学们兴奋不已！

叶永刚

2022 年 9 月 5 日

于珞珈山

七个道具与金融工程“板块论”

2022年9月8日上午，我在武汉大学一区第四教学楼201教室为金融工程2020年本科学生讲授金融工程学第一讲：概论。

9点50分，我开始了课程的讲解。

我告诉大家，上课前我给大家讲一个故事。

大家都去过校园的樱顶，在樱顶上有一座数学与统计学院的教学大楼。在该大楼的东面有一座雕塑。那是闻一多先生的雕像。

为什么在武汉大学会有闻一多先生的雕像？

因为闻先生在这里当过武汉大学文学院的院长。

据文学院老师们讲，闻先生当年上课不是在教室里，而是在山坡上。闻老师讲的课程叫作“诗经研究”。闻先生讲着讲着，时常忘了下课时间。有一次，闻先生讲完课后告诉大家：“下课了，你们可以吃晚饭了。”

同学们指着天说：“闻老师，您看月亮已经升起来了，食堂早就关门了！”说到这儿，老师与学生一同哈哈大笑起来。

同学们毕业后，每当回顾起大学的校园生活，总会记起这件往事，并且一致认为闻先生的讲课最有水平。为什么这么说？因为在学了闻先生的“诗经研究”课程之后，武汉大学涌现出了一大批在中国研究诗经的顶尖级学者。

为什么叶老师今天上课之前给大家讲这个故事？我是希望在座的同学们在学习了这门功课后，也能像闻先生教过的学生那样，能够将自己培养成为顶尖的金融工程专业人才！

还有一点我要告诉同学们，叶老师自己也常常想起这个故事，也常常问自己，作为一个老师，在课堂上最需要提供给学生的是什么？从闻先生的教学方法中我们可以看到，最重要的不是教学形式，而是教学内容，是要给学生更多的思想和思考，是要有一种能力让学生们在有限的上课时间里，不断产生“豁然开朗”的感觉！

开场白就讲到这里吧，言归正传！

今天的概论，我给同学们讲三个问题：一是金融工程是什么？二是金融工程学什么？三是如何学习金融工程？这三个问题，我先讲第一个，其他的两个问题，学到后面再讲。

为了让大家听明白这个问题，我给大家准备了一批道具。

我打开我提来的两个提包。

我从提包中拿出第一个道具。这是一份已经泛黄的纸质报告。报告上清晰地写着这样几个大字：《武汉大学关于增设“金融工程”本科专业的申请报告》。

我要告诉大家关注这份报告的时间：2001 年 11 月。

为什么要大家看这份报告？因为这份报告具有金融工程专业里程碑式的意义。它几乎就是一份珍贵的历史文献或文物了。

在这份报告之前，中国是没有这个专业的。正是因为有了这份报告，中国的大学才诞生了这个专业。正是因为有了这份报告，中国教育部专门召开了创办金融工程专业的专题论证会，并且在 2002 年春天武汉大学召开了中国第一届金融工程论坛。从此，中国就有了第一批金融工程专业。

大家所学的就是金融工程专业。我之所以讲这个道具是为了让大家明白，中国金融工程专业是怎样产生的，并且还要让大家明白大家读书的这个地方，就是中国金融工程的发祥地，大家要为自己能在这里学习这个专业而感到荣耀和自豪。

我接下来再让大家看第二个道具。

这是一本翻译的《金融工程》英文原版教材。武汉大学于 1995 年在国际金融专业开设《金融工程概论课程》，这本教材就是叶老师第一次为该课程讲课所使用的教材。

我又给大家拿来了第三个道具。

这是武汉大学出版社出版的中国第一本《金融工程概论》。这本教材主要借鉴了国外教材的写法，其核心内容为“工具论”。我们在这本教材中讲到了理论工具和实体工具。实体工具主要讲衍生工具，而衍生工具又主要讲期权工具。

我拿出的第四个道具是武汉大学出版社出版的第二版《金融工程概论》。这本教材除了讲“工具论”之外，我们又加进了“公司论”的内容。

我拿出的第五个道具是武汉大学出版社出版的第三版《金融工程概论》。这本教材不仅有“工具论”“公司论”，而且有了“政府论”。我们将政府也看成一个“公司”或一个工具，并且用金融工程的原理和方法来进行研究和分析。

讲完了武汉大学出版社出版的这三个版本的本科教材，我开始总结金融工程的教学内容了。

我告诉大家，金融工程的教学内容可以简称为“板块论”。一共有四大板块：概论、工具论、公司论、政府论。这四大板块的内容是随着中国金融工程学科的发展而发展的。在本科阶段，要想学好“金融工程概论”这门课程，就要切实学好这四个板块的内容。

讲完了第五个道具，我又拿出了第六个道具和第七个道具。第六个道具是一本金融工程专业的硕士课程材料，第七个道具是一本金融工程专业博士课程材料。

我告诉在座的同学们，尽管大家今天只是本科生，但我们要为硕士和博士课程打好基础，希望大家明白一个道理，学无止境，大家需要谦虚谨慎，戒骄戒躁，自信努力，不断攀登……

叶永刚

2022 年 9 月 9 日

于珞珈山

积木分析法与一个存款案例

2022 年 9 月 19 日的黄昏，我和张培、刘勇、范文婷一起走向五楼的“金融工程创新艺术”课堂。

这学期课堂选择的上课时间真妙呀。每次我走向课堂时，我总是沉浸在珞珈山的黄昏时分之中，我总喜欢望着西边天空中的晚霞发呆。

天空中没有两片一样的晚霞，生活不也是这样吗？我们缺少的不是美，而是发现美的眼睛和心灵。我们的课堂不也是这样吗？它不仅是一个神圣的殿堂，而且，一样可以变成一座奇妙无穷的花园和一首美妙无比的乐章！

想着这些，我又一次踏进了我们的课堂。

还是将注意力集中到我们的积木分析法上吧，这个部分是要讲清楚“金融工程”这门课程的方法论，这是为这学期后面所有的课程内容打下一个坚实的基础的知识点。金融工程的方法论不仅要讲积木分析法，还要讲无套利分析法和风险管理分析法。

我们从积木分析法开始讲起。

刘勇在课堂上讲了一个存款的例子。

他的讲述使我想起了一件往事。

有一年，我给本科学生讲金融工程课。课后，有一位女生找到我，对我高兴地说：“叶老师，我昨天回家时，将您在课堂上讲给我们听的金融工程案例告诉我妈了。我妈高兴极了。她将大腿一拍，大叫一声说：‘你们叶老师真有水平！’”

为什么这个学生家长这样说呢？不就是我讲的那个案例带出来的故事吗？其实，那个学生家长有点抬举我了。那个例子中的主角并不是我，而是我的太太。

我的太太每个月都要攒些钱，以备应急时用。本来为了方便，这些钱理应在银行存活期，但我的太太并不是这样的，而是每个月存一笔一年期的定期。这样一来，我家的存款每个月都有一年期的存款到期。这不就相当于存放活期吗？但是，我们收获的却是定期利息。

我在课堂上将这个故事讲给同学们。我告诉他们："这不就是积木分析法吗？我们就像小孩子搭积木一样，将一件件积木进行拼装和组合，形成千姿百态的建筑风格！"

我继续对他们说："在这里，我们的积木就是存款的各种方式，就是活期存款，就是各种期限的定期存款。我的太太运用'定期+定期'的'积木分析法'，搭起来一个跟'活期存款'一模一样的'投资组合'。'定期+定期'是一种'复制工具'，而'活期'是一种'被复制工具'。在这里，我们运用'复制工具'复制出了'被复制工具'。正因如此，我们将积木分析法也称之为'复制方法'。"

我依然兴致勃勃，再接着讲："一旦我们懂得了金融工具之间的这种复制与被复制的关系，就掌握了'积木分析法'的精髓，就可以沿着这种'方法论'去讨论'无套利分析法'和'风险管理分析法'了。在这里，先给大家留个悬念。后面大家就会慢慢明白了。"

最后，我笑着对同学们说："你们再想一想吧，那位女生的妈妈为什么要拍她的腿夸奖叶老师呢？仅是因为我讲的那个例子好听吗？一定不是。主要的原因是什么？因为在此之前，她家的存款可能使用的是活期，而听完这个故事之后，她家的存款不就可以变成定期了吗？在金融工程中，这种资金管理方法也叫作'梯度管理'，像搭梯子一样，将一个定期加上一个定期地叠加起来。这个例子其实就是积木分析法的最好应用。那个学生家长不应该夸奖我，也不用夸奖我的太太，如果她一定要夸奖就应该夸奖我们的金融工程，以及我们的积木分析法！"

课堂上所有的学生都笑了。

叶永刚

2022 年 9 月 20 日

于珞珈山

无套利分析与一群“屎壳郎”

珞珈山是武汉大学的代名词，之所以如此，是因为武汉大学正好坐落在珞珈山上。而珞珈山又在美丽的东湖之滨，是在东湖南面形成的一个三面环水的半岛。武汉大学经济与管理学院在该岛的东北端，要多宁静有多宁静，要多美丽有多美丽。我的287房间又正好在经济与管理学院这座办公大楼的北面，开窗就“看得见山，看得见水”。

今天，我又坐在这里，写我的《沉醉于静静的珞珈山课堂——金融工程教学笔记》了。

在方法论上，我们已经讲过了积木分析法。在这里我要讲的是无套利分析法。

无套利分析法是金融工程最核心的方法论。换句话讲，它是最重要的方法论，掌握该方法论，就可以掌握金融工程的核心思想和内容。

无套利分析法也可以称为“定价”。它就是要帮助我们找到任何一种金融资产的理论价格。这种理论价格是一种无套利价格。用通俗的话来讲，无套利价格就是没有空子可钻的价格。找到没有空子可钻的价格，也就是在告诉你，其他的价格都是有利可套的即可以钻空子的！这就是我们为什么要将金融工程称为“一种研究赚钱艺术的学问”的原因了。

讲到这里，我想到1996年我在美国康奈尔大学商学院学习金融工程时的情景。此生有幸，我在武汉大学读书、工作和生活，并且又在康奈尔大学进修学习。

课后，我们坐在康奈尔大学校园的草坪上，讨论一个问题：“金融工程的培养目标是什么？”

我们最后得出的结论竟然是，我们不就是要培养出一群敏锐而又勇敢的“屎壳郎”来吗？

屎壳郎正在我们身边的草地上爬行着。它们正在用“敏锐”的眼光，寻找着草地上的粪便。屎壳郎们一旦发现了粪便就“勇敢”地冲了上去，很快就将

“粪便”消灭干净了。正因为屎壳郎消灭了粪便，地面上又显露出了青青草地。这“青青草地”不就是“无套利价格”吗？屎壳郎的这种事业看起来有些“粪便臭”，即人们所说的“铜臭味”，但正是因为有了这些“屎壳郎”的辛勤工作，才有了地面上的这些“青青草地”呀！

仔细一想，我们金融工程的培养目标，不就是要培养出来这样无数“敏锐”而“勇敢”的“屎壳郎”吗？

我们培养的这一群“屎壳郎”将如何去找到这些粪便并将它们作为“美味佳肴”呢？

我在课堂上讲了一个外汇买卖的例子。

同学们如果要到美国留学，那便面临着一个要将人民币换成美元去交学费和生活费的问题。

假定我们用人民币去换美元，并假定汇率为 1 美元等于 7 元。用人民币直接买美元，这是一条路径。除此之外，还可以有另一条路径，即用人民币买日元，再用日元买美元。还有第三条路径，先用人民币买欧元，再用欧元买美元。甚至还有更多的路径，每一条路径的实际汇率之间是有差别的。一旦有了这种差别，我们的“屎壳郎”就可以抓住这种机会赚取这些差价。所有的奥妙之处就是“低买高卖”，这也是一种抬高低价、压低高价并消除价格差的过程。这不就是这群“屎壳郎”的事业吗？

正因如此，我们在用人民币买美元时，还可以用其他的“路径”来进行比较分析。这种比较分析我们可以称为“路径选择”或“路径优化”。这种选择和优化的方法也就是我们这门课程所讲的“金融工程创新艺术”了。

我们一旦进入这种选择和优化的过程，实际上就已经成为我们所培养的这样一群“屎壳郎”了！

叶永刚

2022 年 9 月 24 日

于珞珈山

金融风险分析与砍柴的故事

在课堂上给学生们讲金融工程论，除了讲积木分析法、无套利分析法，不能不讲金融风险分析法。金融风险分析法也可以称为风控法，即金融风险控制法。分析风险就是为了控制它。

讲到这里，我想起了上大学之前在老家砍柴的故事。在老家读中学时，我每天回家几乎都要想方设法去砍柴。那时的农村实行大集体制度，农民只能在生产队里务农。不仅温饱问题难以解决，就连烧柴都是大问题。

村前村后能找到的柴草总会很快都被砍完，连草根都会被刨起来做成草把添进灶膛点燃烧掉。

容易砍柴的地方都被砍完了，只有那些荆棘丛中还有些野草在那儿随风摇曳。这些草丛不仅因为荆棘扎手，而且草丛中常常还有马蜂窝，一不小心就会被蜇得鼻青脸肿。正因如此，人们一般不敢去碰这些荆棘丛。

我则不然，首先拿这些荆棘丛下手。看到它了，远远蹲着，拾起石块或土块，朝着草丛扔过去。如果有马蜂，很快它们就会蜂拥而上，叮咬这些石块和土块。马蜂有一个致命的弱点，那就是叮咬过这些石块和土块后，它们自己就“壮烈牺牲”了。到了这时，我就可以不慌不忙地走近草丛，一边挑开马蜂窝，一边用野草包住荆棘，连草带树一起砍下来，扎成一小捆。一会儿就可以砍下一大堆来。

后来，我上了大学，学了金融工程，想起这件事来，猛然醒悟，这不就是金融风险分析法中的“高风险高回报”原理吗？

由此可见，金融风险不仅是一种造成损失的可能性，而且是一种资源。谁学会了管理这种资源，谁就会获得比别人更多的回报！

在金融工程中，到底什么是金融风险？如何管理这种风险呢？

在教科书中，我们一般将风险定义为不确定性。金融风险就是金融交易的不确定性。这种不确定性也是对于预期目标的一种偏离。这种偏离用数学方法来度量就是方差或标准差。金融工程在管理这种偏差时，常用的方法有两种，一种方法是将不确定性变为确定性，另一种方法是限制不确定性的不利方面并保留不确定性的有利方面。

在第一种方法中，我们常用的方法有远期交易、期货交易、掉期交易等，我们将这一类工具称为线性工具，另一类方法有期权交易及其变形等，我们将这一类工具称为非线性工具。

还是拿我砍柴的故事来说吧。

砍草的风险就在于草丛中有可能存在马蜂窝，这就是一种不确定性。消灭了马蜂窝这种不确定性不就变成确定性了吗？

至于第二种方法的例子也有很多。农产品价格保险就是一个很好的例子。这种保险单类似一种期权。当某种农产品的价格跌落到预定的价格之下时，农民就可以按照预定的价格行使这种权利并且卖出这种农产品了。

于是，预定价格之下的损失被限制住了，即有人兜底了，而预定价格之上的好处农民依然可以获取。

这不就是我们所说的"限制不确定性的不利方面，并且保留不确定性的有利方面"的意思吗？

讲到这里，大家千万别忘了，金融风险管理就是要在控制风险的前提下盈利。

叶永刚

2022 年 9 月 24 日

于珞珈山

一手抓三条鱼

在“金融工程创新艺术”课堂上，又轮到我上台讲授了。我问张培和刘勇老师：“你们两位与我共事多年，你们知道我有一个很重要的生活习惯吗？”

两位老师和同学们都瞪大眼睛看着我。

我说：“只要在餐桌上发现有鱼，我的两眼就会闪闪发亮！”

这是因为我从小生活在长江边。这种生活经历使我不仅喜欢吃鱼，而且特别喜欢抓鱼。正因如此，村里的乡亲们送给我一个光荣的称号：鱼鹰。

当我们这群放牛娃走到水塘或湖边时，只要看到水面上浮着一个个的黑点时，我们马上就会意识到，那一定是“甲鱼”了。

“一定要抓住它们！”我们这时就会脱光衣服，游过去。甲鱼见到这架势，很快就钻到水底去了。我们哪里肯放过。只要摸到甲鱼，我们就会用一只手抓住其尾部两只后腿的凹部，轻轻地把甲鱼提出水面。甲鱼在水下是不咬人的。当它出现在水面上想咬人时，已经来不及了，因为它的头颈伸得再长也够不到我们紧紧捏住尾部的那只手！

这就是毛泽东同志诗词中的“可下五洋捉鳖”！鳖也是一种淡水鱼。这叫作“一手抓一条鱼”。小时候在水中用一只手抓住一条甲鱼，那是一件非常帅气的事情，让自己感到很有“英雄气概”！

学了金融工程之后，我才发现自己小时候那点事儿其实算不了什么。为什么？因为那只是“一手抓一条鱼”。我们金融工程在方法论上，那可是“一手抓三条鱼”！一条是“风控”，一条是“创新”，再有一条就是“盈利”！作为一个金融工程师，面对任何金融资产，我们只有同时抓住“三条鱼”，才能算一个真正意义上的“金融工程师”！

“风控”这条鱼涉及的是金融风险分析法，“创新”这条鱼使用的是积木分析法，而“盈利”这条鱼运用的是定价原理，即我们所讲的无套利分析法。这三种方法同时运用就叫作“一手抓三条鱼”，或者用文气一点的话来讲，就称为“三位一体”，三件事做的其实是同一件事！

我们先说无套利分析与积木分析法的关系。无套利分析法讲的是定价，是没有空子可钻的价格。金融工程师一旦发现了价格差，积木分析法就用上了，这种运用积木分析法形成的资产组合或“工具”就可以被用来赚取差价了。赚取差价的过程就是消灭差价并使其价格回归到无套利价格的过程。这就是我们的“屎壳郎”和“青青草地”的关系！

说清了无套利分析法与积木分析法的关系，我们再来说说这两者与金融风险分析法之间的关系。

为什么人们在利用积木分析法来赚取无套利价格与有套利价格之间差价的过程中可以控制自己的金融风险呢？

赚取差价的“法宝”无非就是“低买高卖”，只要做到“低买高卖”，金融工程师不就没有金融风险了吗？他不就“稳中求进”赚取差价了吗？任何一个金融工程或者金融资产都可以用其他的工具或投资组合来复制，这种运用积木分析法复制出来的资产一旦与被复制的资产形成价格差，金融工程师就会“低买高卖”，这种套利的过程又会让复制价格和被复制价格趋于一致，重新形成无套利价格。这样一来，无套利分析、积木分析和风险分析这三者就统一在过程中发挥作用了。

这就是我们在课堂上反复讲到的“一手抓三条鱼”，是我们多次强调的“三位一体”。我们在后面的分析和讲解过程中，就是要将这两句话贯彻始终。无论在“工具论”中，还是在“公司论”和“政府论”中，万变不离其宗，讲来讲去就是要讲清这两句话，就是要让大家真正明白这两句话！

叶永刚

2022 年 9 月 24 日

于珞珈山

可别小看了这一张金融工程套利图

讲完了金融工程方法论，总觉得还应该讲一讲金融工程套利图。

这张图大家在别的地方估计很难看到，你们知道为什么吗？因为这张图是我画出来的，而且是近些年才画出来的，到目前为止还没有在论文中发表出来，也没有在书本上印刷出来。

大家不要因为这张图是我画的，你们就小看它，它的生命可能比我的还长！因为我相信，即使我老了走了，它也有可能还留在这个世界上，后来的人也许还会拿起这张图，想一想，问一问：那个姓叶的家伙到底想说什么呢？

大家还是先看看这张图（图 1）吧。

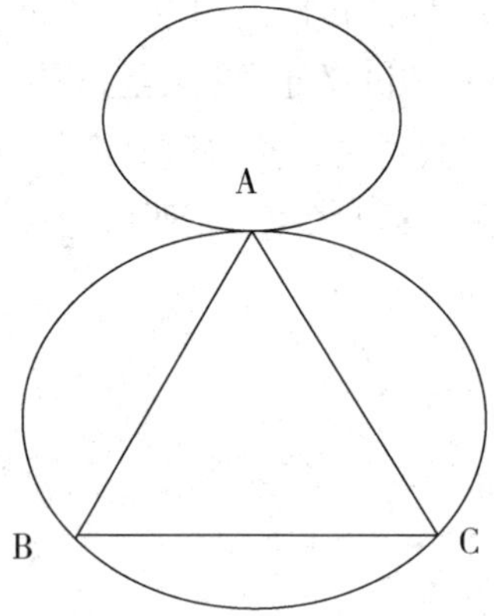

图 1　金融工程套利图

这张图从整体上看，由两个小圆圈构成，上圆表示经济，下圆表示金融。上图和下图放在一起，它所要表现的就是金融与经济的关系。

我们的金融工程就是要研究这种关系，就是要研究如何运用金融去推动经济的高质量发展。经济从微观目的来看，就是利润，从宏观目的来看，就是利润之和，即我们通常所说的 GDP，即国内生产总值，也就是一个国家或地区在一定时期所创造出来的价值总量。

然而，我们的金融工程到底是如何运用金融去推动经济高质量发展的呢？在我们“金融工程”的课程中，常常讲到金融工程的基本概论。我们的定义是，金融工程是一种创造性地运用各种金融手段或策略去解决金融财务问题的综合性学科领域。

从这个定义来看，它体现的是目的和手段的统一。金融就是手段，经济就是目的。

金融工程是如何运用金融这种手段去达到经济这种目的呢？我们最重要的手段有三条：风控、创新和盈利，也就是我们在金融工程套利图中所讲的 A、B、C 这三点。

1. A 点。这既是平衡点，是盈利点，也是一种“生死点”。在这个平衡点上，收益等于成本，超过这个点，盈利；超不过这个点，亏损。只有突破了这一点，才能形成上面的圆圈，即我们的套利空间。A 点也是定价的关键点，我们所运用的就是“无套利分析法”。

2. B 点。B 点就是创新点。B 点要达到的目的就是通过金融创新来创造收益。它所运用的就是积木分析法。

3. C 点。C 点就是风控点。C 点要解决的就是风险控制问题。它不仅要识别风险，而且要管理风险。它所涉及的就是金融风险分析法。

在这里，风控是前提，创新是手段，盈利是目的。这三者的综合运用就是我们在前面反复强调的“一手抓三条鱼”和“三位一体”的方法。这不是三者的简单相加，它是一种哲学上的系统论。

由此可见，这张金融工程套利图可真不简单！它不仅体现了金融工程的哲学基础，而且反映出了金融工程的基本原理和方法。这就为我们今后的学习和理解提供了一种直观和形象的表达，以便于大家牢固地记忆并深刻地理解。

在后面的学习过程中，就让这张图跟随我们，朝夕相伴，一路欢歌吧！

叶永刚

2022 年 9 月 25 日

于珞珈山

A 点的妙用

在课堂上，我给同学们画了一张金融工程套利图（图 2）。指着这张图形，我反复提醒大家注意图中的那个 A 点。

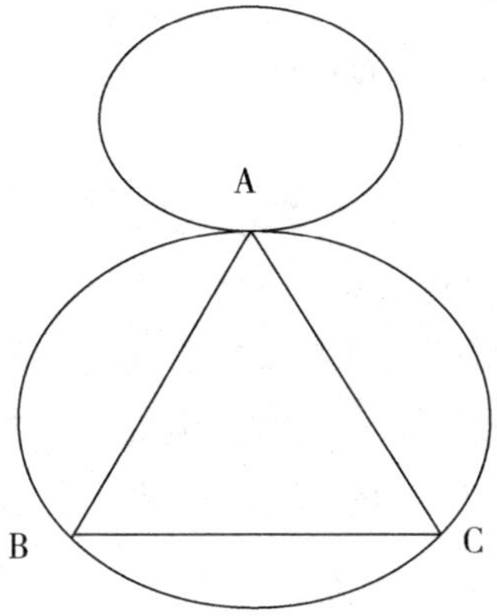

图 2　金融工程套利图

同学们看到这个 A 点了吧！

你们知道它的妙用吗？（所有同学都瞪大眼睛看着，没有一个人讲话）。

这个 A 点，即这个三角形上面的这个端点，作用可大着呢！

它首先是一个平衡点，在这一点上，B 点所创造的收益，等于 C 点所产生的一般成本和风险成本，因此这是一个收益等于成本的平衡点。在经济学中，它所体现的是经济学的一个基础方法论，那就是成本收益分析法。

在经济学中，这个平衡点所体现的不仅是成本与收益的平衡，而且是供给与需求的平衡。供求平衡不仅要体现商品总供给与总需求的平衡，而且要体现货币总供给与总需求的平衡。

商品市场不平衡是不行的，生产的东西卖不掉，那就别谈货币市场的融资了。能卖掉商品的货币需求才是有效需求，货币供应只有满足这种有效需求，才能获取总供给与总需求的真正平衡。

在金融工程学中，这个 A 点不仅是一个平衡点，而且是一个关键点。为什么说它是一个关键点？因为金融工程学最关键或者说最核心的一个分析方法就是无套利分析法。掌握了无套利分析法就掌握了金融工程的精髓，就掌握了一把进入金融工程殿堂的金钥匙。

在理论层面，理解了它就明白了所有金融工具的定价原理。在公司层面，掌握了它就控制了风险发生的开关。理论层面和公司层面对无套利分析的运用就构成了资产定价的核心内容。在政府层面，弄懂了它就弄懂了宏观风险管理的基本原理，就知道如何在守住不发生系统性金融风险底线的前提下，推动我们的经济高质量发展！

这个 A 点无论对宏观经济还是微观经济来说，都是一个生死点，有这么严重吗？有的！

如果 B 点的收益没有达到或超过这个 A 点，它所产生的就是亏损。只有达到并超过这一点，我们经营者和管理者才有可能获取利润。换一句话说，突破了 A 点就是生路，没有突破 A 点就意味着是一条死胡同。这不就回答了为什么说它是一个生死点的问题了吗？

正因为这一点既是平衡点，是关键点，更是一个生死点，所以我们的口号就叫作“控制 C 点，创造 B 点，突破 A 点”！突破了，其工具就赚钱了，其企业就盈利了，其政府的经济就高质量发展了！

叶永刚

2022 年 9 月 25 日

于珞珈山

“概论”之论

讲完了金融工程“概论”仍意犹未尽，还想对同学们多说一些要点。

为了让同学们很好地记住本章节所讲的内容，我反复强调，金融工程是一门要大家念好“三字经”的学问。“三字”就是“借、还、赚”。

而“借、还、赚”背后的道理就是金融工程套利图中的“A、B、C”。A 就是“A 点论”，就是定价，就是无套利分析法，就是盈利。B 就是“B 点论”，就是积木分析法，就是复制方法，就是创新。C 就是“C 点论”，就是金融风险分析法，就是风控。

念好了“三字经”就可以解决金融与经济的关系。金融就是俗话所说的“钱”，经济就是人们常说的 GDP。金融与经济的关系就是“钱”与 GDP 的关系。

如何念好“三字经”来解决“钱”与 GDP 的关系问题呢?

我们只要求大家记住一句话：“一手抓三条鱼!”抓住了“三条鱼”就是通过 A、B、C 解决了风控、创新和盈利三大问题，这三大问题解决了，就解决了“钱”和 GDP 的关系问题了!

接下来，让我们像渔民一样，驾着自己的渔船，迎着初升的太阳出海。我们要将手中的渔网，奋力撒向海面。

我们深信，我们的渔网中一定会有“三条鱼”，起码会有“三条鱼”!

叶永刚

2022 年 10 月 27 日

于珞珈山

金融工程套利图与金融功能观

有一次在“金融工程”课堂上，张培老师在黑板上画了两张图。一张图是我的金融工程套利图，另一张图是他自己画的金融功能图。

我们先看金融工程套利图（图 3）：

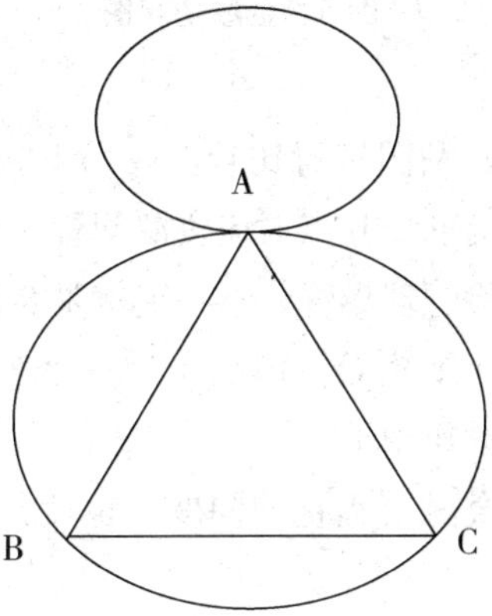

图 3　金融工程套利图

我们再来看张培老师的金融功能图（图 4）：

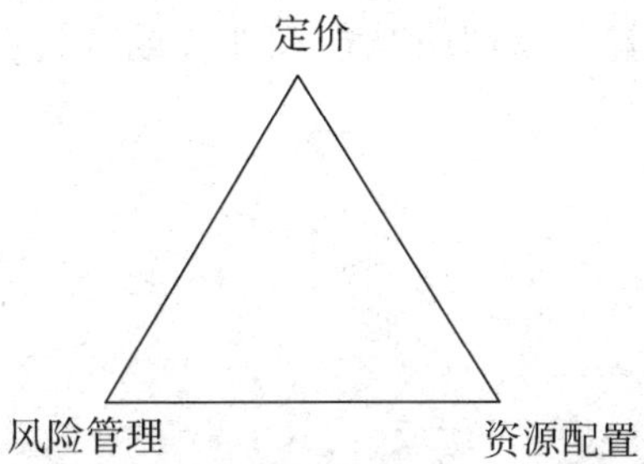

图 4　金融功能图

我当时正与他在课堂上合讲这堂课。

我看到他画出这两张图后，我的脑海中忽然闪出一个念头：能不能在这两张图中找到某种联系呢？

我找来一张稿纸。先将张老师画的功能图调整一下顺序，得到了图5。

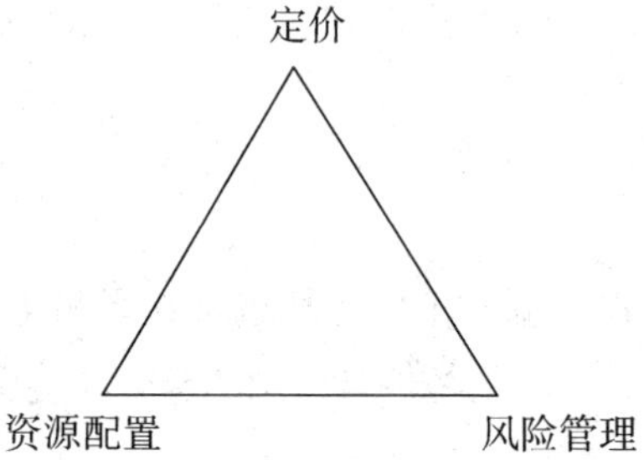

图5　金融功能图

我再将这张图与我的套利图进行比较。我马上找到这两张图的联系了。套利图的A点对应功能图的定价，B点对应资源配置，而C点对应风险管理。

定价、资源配置和风险管理尽管并不一定就是金融功能理论中的所有内容，但起码可以代表功能论的主要内容。解决了这三个主要问题，也就可以较为充分地发挥金融对经济的推动作用了。

近来我考虑较多的是金融工程化的问题，也就是想在金融和经济中找到一座桥梁和通道。

在金融和经济之间，我们找到了方法论和路径论。方法论就是我们金融工程套利图中所强调的要“一手抓三条鱼”，即风控、创新和盈利。路径论就是资源资产化、资产资金化、资金产业化、产业全球化和全球风险管理系统化。

现在有了张培老师的这张金融功能图，就可以说明我们的“方法论”和“路径论”加在一起，就可以解决功能问题。或者说，就可以解决主要功能问题。

叶永刚

2022年11月19日

于珞珈山

第四条鱼在哪里

在课堂上，我们可以通过金融工程套利图，找到“一手抓三条鱼”的说法。这“三条鱼”也就是风控、创新和盈利。

有一天，我在课堂上讲着讲着，忽然脑海中冒出了一个新的问题：“我们能不能通过我们的金融工程套利图找出‘第四条鱼’来呢?”

我又找出金融工程套利图（图6）来琢磨了。

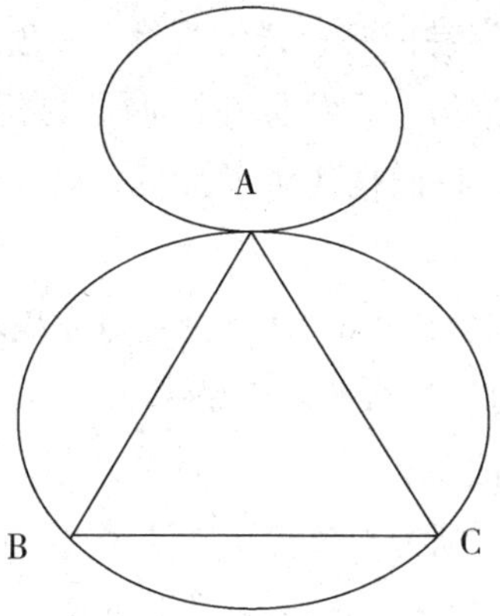

图6 金融工程套利图

我们可以在套利图的上圆中标出一个D点来。

这个D点就是我们的经济目标。

我们能否运用A、B、C这三点来做大D点呢?

我想起自己写第一本金融工程笔记时，曾经提到过这两个词语，一个叫作“李翔三问”。这是因为李翔同志曾经给我提过三个问题：钱从哪儿来？钱往哪儿去？钱的风险如何控制？我后来不仅将这三个问题冠以“李翔三问”这个词语，而且我还锦上添花地加上了一个“叶氏五问”，那就是“钱是什么？钱从哪里来？钱往哪里去？钱的风险如何控制？钱的作用如何充分发挥?”

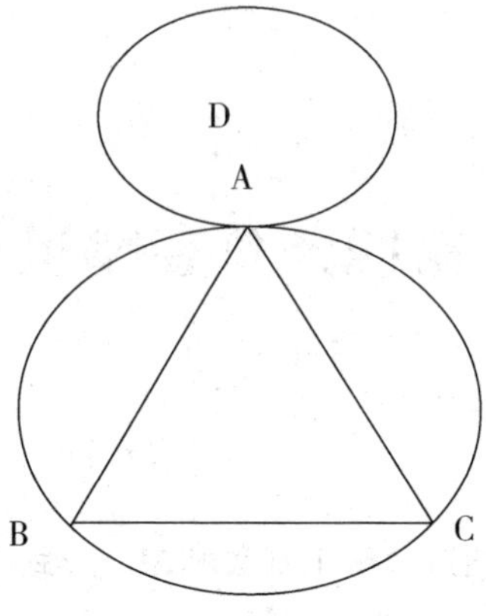

图 7　金融工程 ABCD 图

我们现在所要解决的就是这里的第五个问题，即“钱的作用如何充分发挥”。

钱是什么？这个问题容易回答，钱就是货币，就是支付工具，即我们在政治经济学中所说的一般等价物。后面的三个问题因为我们有了“A 点论”“B 点论”和“C 点论”，因此，我们也找到了答案。而现在我们要解决的是“D 点论”的问题。

“A 点论”对应无套利分析法，“B 点论”对应积木分析法，“C 点论”对应风险分析法。“D 点论”对应什么分析法呢？

我想到了“资产分析法”。

如果我们将金融工程的研究对象界定于“资产”，那么我们对资产的理解是随着课程内容的扩展而不断深化的。在“工具论”中，资产是金融工具。在“公司论”中，资产扩大到了公司资产负债表上的“资产”。到了“政府论”，资产则进一步拓展到了“宏观资产负债表”中的“资产”了。

有了资产负债表分析法，我们就有了或有权益资产负债表分析法。以此类推，我们就有了宏观经济资本管理体系分析法。有了宏观经济资本管理体系分析法，我们就有了宏观经济资本管理体系分析法。宏观经济资本管理体系就是宏观战略管理体系，这就是我们的经济“目标论”了。

如此一来，我们就找到“D 点论”的方法论了，这就是“资产分析法”。

如何充分发挥钱的作用？

将 D 做大不就达到目的了吗？如何将 D 做大？别忘了我们的“路径论”。“资源资产化”，资源变成资产了，资产不就做大了吗？

“D 点论”也可以称为“发展论”。“发展”在这里也就成为我们的“第四条鱼”了。

别忘了，“风控、创新、盈利”后面，还要加上个“发展”！

叶永刚
2022 年 11 月 19 日
于珞珈山

金融工程之宏观化

走进“金融工程”的课堂，除要讲清什么是金融工程，为什么要学习金融工程之外，我觉得还有一个问题必须向学生讲清楚，那就是金融工程的宏观化。

金融工程的宏观化就是要解决宏观金融工程与微观金融工程的一致性问题，就是要解决如何运用微观的方法去解决宏观金融问题。

金融工程作为一门学科，发祥于20世纪的美国。以美国为发祥地的金融工程主要是微观金融工程，它主要解决公司和市场的金融创新问题。

美国的金融工程之所以成为微观金融工程，这与美国的金融学科的特点相关。美国的金融学科的特点又与美国的经济学科特点密不可分。

在美国，经济学科设立在经济系。经济学科包括宏观经济学，也包括微观经济学。金融学科的宏观和微观则是相互分离的，宏观金融学包含在经济系的宏观经济学中，主要作为宏观经济调节的政策工具。而微观金融学则包含在商学院开设的金融学科中。商学院主要培养企业家和金融家这样的微观人才，而经济系则培养经济学家和宏观经济部门的管理人才。正因如此，金融工程作为金融学的核心组成部分便开设在以商学院为主体的学科中，这样的金融工程便具有了微观金融学的重要特点。

然而中国的金融学科则不一样。中国的金融学为“大金融学”，即宏、微观统一的金融学，而不是美国式的“小金融学”，即以微观金融学为主要特征的金融学。正因如此，作为中国金融学核心组成的金融工程学便有了不同于美国金融工程学的重要特点，那就是宏观与微观相结合的金融工程学。

中国金融工程学科设立于2002年。其标志性的事件就是2002年春天中华人民共和国教育部在武汉大学召开的第一届中国金融工程学年会。在那次年会上，全国首批示范金融工程专业高校的代表们明确提出了中国金融工程学科发展的方向，即不仅要学习西方的微观金融工程，而且要走一条符合中国实际的道路，即走一条将宏观微观相结合的道路。

从2002年春天到今天，中国金融工程学科已经走过20多个春秋。这20多年来，该学科在中国的大地上，从无到有、从小到大、从微到强。目前正在进入一个高质量发展的阶段。

在这些年的发展过程中，我们中国的金融工程学科到底是如何将宏观金融工程与微观金融工程相结合的呢?

我们首先将宏观资产负债表分析方法引入了金融工程学。金融工程学的研究对象是金融资产，金融工具是一种最基本的金融资产。公司资产负债表中的资产是一种投资组合型的金融资产，而宏观资产负债表中的资产则是一种归并报表中的金融资产。正是因为引入了宏观资产负债表，我们就形成了宏观和微观金融资产的一致性，也就奠定了宏观分析微观化的方法论的基础和前提。

其次，我们将宏观或有权益资产负债表方法引入了金融工程。一旦有了历史数据的宏观资产负债表，我们就可以在此基础上，运用期权定价方法将此资产负债表变成具有适时数值特征的或有权益资产负债表，这就为我们的宏观经济资本体系的构建打下了一个良好的基础。

最后，我们有了宏观资产负债表和宏观或有权益资产负债表，我们就可以在此基础上形成宏观资产定价理论。这就可以形成具有鲜明特色的宏观金融经济学，就给宏观金融工程提供了强有力的宏观金融经济学理论基础。

从此，我们中国的金融工程即宏观与微观相结合的金融工程学科便在中国的大地上高歌猛进!

叶永刚

2023 年 12 月 31 日

于珞珈山

金融工程之工程化

讲完了金融工程的宏观化，需要向同学们讲清楚金融工程的工程化，特别要讲清楚宏观金融工程的工程化。

在金融工程学的教学中，学生经常问我们一个问题：“老师，金融学和金融工程的区别到底在哪里?”

我们经常给学生的解释是，金融学是研究货币运动及其规律的学问，是要解释是什么和为什么的问题。金融工程是研究金融创新的学问，是要解决干什么和怎么干的问题。

其实，这二者的主要区别在于思维方式不一样。金融学主要体现的是科学思维，而金融工程主要体现的是工程思维。前者重在解释世界，要揭示这个世界存在的本质即找出它的各种因果关系。而我们的工程思维则需要我们进一步研究如何运用这些因果关系去改变世界，它所要找到的是优化的路径和方案；它需要从问题出发，并运用我们的原理和方法去解决实际问题。

那么，我们的金融工程是如何运用这种工程思维去实现我们金融工程的工程化的呢?

首先，我们的金融工程是要解决什么问题呢? 我们还是来看一看金融工程套利图。

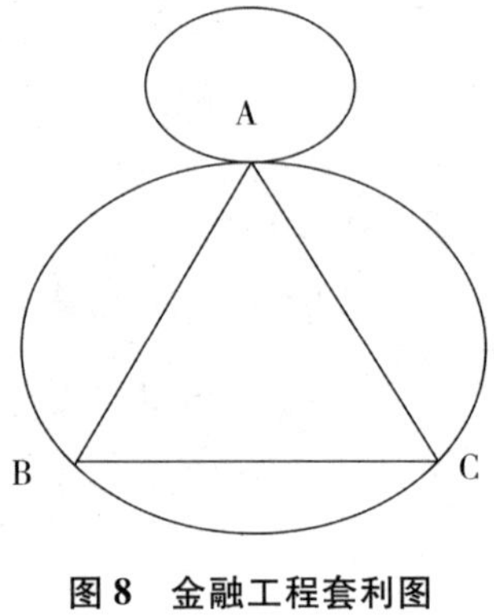

图 8　金融工程套利图

这个图形由两个圆形构成。上圆表示经济，下圆表示金融。这两个圆形所构成的金融与经济的关系问题就是我们的金融工程所要解决的首要问题或关键问题。

其次，我们是如何运用工程思维来解决这个问题的呢?

我们在金融工程这个图形中，有 A、B、C 三个点。这三个小点就是代表我们的“一手抓三条鱼”理论，即风控、创新和盈利。创新就是要解决钱从哪里来的问题，盈利就是要解决钱往哪里去的问题，而风控则是要解决钱的风险如何控制的问题。

要想解决这三个问题，我们可以在经济活动中找到五条相关的路径：

1. 资源资产化；
2. 资产资金化；
3. 资金产业化；
4. 产业全球化；
5. 全球产业风险管理系统化。

这五个“化”便可构成“风景这边独好”的工艺流程。这道流程的第一个环节是资源，最后一个环节是风控。前面讲资源装进去，后面就是收成哗啦啦地流出来。

仔细瞧一瞧，这“五化”正好可以解决我们朝思暮想的“三大问题”!

第一条和第三条不正好解决了钱从哪里来的问题吗?第二条和第四条不正好解决了钱往哪里去的问题吗?第五条毫无疑问可以解决钱的风险如何控制的问题。

解决了这三个问题，不就解决了那个“首要问题”，即金融和经济的关系问题吗?

讲到这里，可能有的同学还要追问：“老师，您的那五个‘化’还能变成具体的措施从而形成具有操作性的方案吗?”

当然可以!我们找出这五个“化”，不就是要通过这五个“化”找出各种具体的措施吗?其中的每一个“化”都可以找出各种具体措施。如果我们的每一个“化”找出一个具体措施，我们就可以运用这五个具体措施形成一个具有针对性和操作性的方案。

我们可以将这个方案拿到实践中去检验，就像毛泽东同志在《实践论》中所言，“从实践中来，到实践中去”，经过多次反复，不就可以形成可供借鉴的样板了吗?这不就是人们常说的“模式”吗?

讲到这里，我们就可以对金融工程的工程化进行小结了：“问题+原理+路径+措施+方案+模式”的路径选择和优化过程！

我们的问题就是金融与经济的关系问题，我们的原理就是“三条鱼理论”，我们的路径就是“五化”，我们的措施就是金融创新工具，我们的方案就是工程的实施方案，我们的模式就是可供借鉴的发展道路！

同学们，你们听懂了吗？这就是我们金融工程的工程化，就是我们宏观金融工程的工程化！

叶永刚

2023 年 12 月 31 日

于珞珈山

第三章 03

课程导读之二：“工具论”（上）

关于"工具论"（上）

——珞珈山课程随想之三

在国内外大多数金融工程教材中，几乎全部忽视了现货金融工具的内容。而我们却在自己的教材中，加上了这一个不可忽视的部分。

为什么要这样做呢？

一是因为现货工具是衍生工具的基础。什么叫"衍生"？衍生者，派生也，从现货派生！

二是因为人们在运用金融工程的原理和方法进行金融创新时，不仅要用到衍生工具，而且要用到现货工具。

三是因为在金融工程的许多应用场景中，并非一定要用衍生金融工具解决问题，即使在没有衍生金融工具的情况下，现货工具也可以达到同样目的和效果。

正因如此，我们在讲解"工具论"时，先从现货工具开始。

叶永刚

2024 年元旦

于珞珈山

商品现货工具与一根牛绳

大家好！

又到了上课的时间了！

今天的课堂内容主要是讲现货工具。金融工程为什么要讲现货工具呢？全世界的金融工程学科，不都是只讲衍生金融工具吗？

之所以要讲现货工具是因为所有的衍生工具都是从现货工具衍生而来，不讲清现货工具就明白不了什么是衍生工具。“衍生”不就是繁衍派生之意吗？它有更重要的一层意义：在中国，由于金融市场不发达，在应用上需要运用更多的现货工具而不是衍生工具。国外的金融工程教科书上之所以很少讲现货工具，那是因为这种课程主要开设在研究生阶段，一般假定大家都学过金融学和金融实务，所以就很少讲现货了。

如何讲现货？

最重要的还是要讲清楚方法论如何在现货工具中进行运用。

大家还记得吗？我们在前面的课程中讲过，金融工程是一门研究“三字经”的学问。它要求我们要做好“借、还、赚”这三字的功课，我们戏称要一手抓住“三条鱼”！

讲现货工具就要讲清如何在现货工具中抓住这“三条鱼”。

在这里，为了提高大家的兴趣，我给大家讲一个小时候抓鱼的故事。这个故事发生在50多年前，现在还历历在目。那一天，我在湖边放牛，忽然乌云滚滚，电闪雷鸣，顷刻间天昏地暗，暴雨倾盆。这时候，湖边一会儿就形成了一条瀑布般的流水，冲向湖中。

借着闪电的光亮，我发现从湖中冲上来一群乌鱼！我顾不得躲雨了，朝着这群乌鱼就扑了过去。这群乌鱼在水中极其凶猛，用手根本没法抓住它们。我整个身子不断扑倒在它们的面前，将一条又一条的大乌鱼逼到了流水边的草地上。

但这些鱼无法用手捧起，怎么办？我把牛儿牵了过来，用牛绳将这些乌鱼的鱼鳃穿了起来。一手用牛绳牵着牛儿，一手用牛绳的另一端将乌鱼挂在脖颈儿上，骑着牛儿凯旋了。

仅仅用手是很难"一手抓三条鱼"的，这根牛绳起到了关键性的作用。在我们的金融工程中，原理和方法就是我们的"牛绳"了。掌握了这些原理和方法，我们就可以真正"一手抓三条鱼"，甚至更多的鱼儿了！

我给大家讲一讲商品市场现货工具的"三条鱼"。

我面前放的这瓶矿泉水就是一种商品，也可以说就是一种现货工具。我们既可以用它来做多头交易，也可以做空头交易。

以多头交易为例。我们假定它现在的市价为 1 元一瓶。，估计它要涨价了。我们先花 1 元买进，等到它涨价了，比如说涨到 2 元了，我们就将它卖出，赚取 1 元钱的利润。这就是我们所讲的多头交易。这是先买后卖，赚取差价。

然而我们在讲多头交易时，都是假定每一个人都是一无所有，两手空空来做生意。这就用到了货币市场上的现货工具了，就是借钱来做生意。

我们假定银行的利息为年利率 10%。我们借钱来做这笔生意，不就可以赚取 0.9 元了吗？

我们如何运用"一手抓三条鱼"的方法论来分析这个例子呢？

第一条要讲的是盈利。盈利用到的是定价原理，是套利分析。在这里，无套利价格是 1.1 元，超过了 1.1 元就可套利了。

第二条要讲的是创新，即我们所讲的积木分析法。第一块"积木"就是矿泉水的现货多头交易，即用 1 元钱买现货。第二块"积木"就是矿泉水的空头交易，即卖现货。第三块"积木"就是货币市场的现货多头交易，即借钱。这三块"积木"搭配在一起构成了一个"投资组合"。我们运用这种投资组合赚取了差价。

我们再来分析这里的"第三条鱼"，"第三条鱼"就是金融风险分析法。

请大家别忘了，我们在讲这个例子时，我们假定购买矿泉水的人是估计矿泉水要涨价了，而且后来果然涨价了。但是，如果矿泉水没有涨价，甚至跌价了呢？购买者岂不亏了？这不就是风险了吗？

如何运用我们的金融工程控制这种风险，并且在控制风险的前提下赚取这种差价呢？这就涉及我们所要用到的衍生工具了。衍生工具就可以锁定矿泉水在日后的价格，从而消除这种风险。

这不就可以抓住“第三条鱼”了吗？

三条“鱼”都抓住了，我们不就找到现货工具的“牛绳”了吗？

叶永刚

2022 年 9 月 28 日

于珞珈山

一只鸡的旅行与购买力平价学说

一只鸡的旅行，跟我们的现货市场金融工程有关系吗？不仅有，而且有着很密切的关系呢！

我们首先来看中国的家禽市场。我们假定1只鸡的价格为1元人民币。

我们再来看美国的家禽市场。假定1只鸡的价格为1美元。

这两个家禽市场价格不仅有联系，而且可以通过外汇市场来联系。假定在外汇市场上，我们看到人民币兑换美元的汇率为1美元等于2元人民币。

在这种情况下，我们的金融工程可以做点什么呢？

他可以首先在货币市场上用人民币1元买下一只鸡，并将这只鸡提到美国市场上卖掉，得到1美元。

他再将这1美元在外汇市场上兑换成人民币2元，他的1元人民币就变成2元人民币了。

他可以再将2元，买下2只鸡，再提着鸡到美国，卖掉后得到2美元，2美元在外汇市场换到人民币4元！利润相当可观了！

如果大家都像他这样去做呢？假定两个国家的家禽价格不变，外汇市场价格会如何变化呢？用美元兑换人民币的人一定会多起来，这就使人民币的价格上涨，1美元不再是人民币2元，只能换取更少的人民币。少到多少呢？少到1美元等于人民币1元，市场上就不会有人钻这种空子了。

如果少到1元之下呢？比如说，少到1美元等于人民币0.5元。我们的金融工程师就会反过来操作了。他可以用人民币0.5元，兑换1美元。在美国买下1只鸡，提到中国来，卖出1元。这样就赚取了0.5元。

大家都这样做呢？仍假定两国家禽市场价格不变，人民币的汇率定会下跌，即用美元可以买到更多人民币了。

大家仔细想一想吧！

由于有了这只鸡的旅行，并且是一种国际旅行，外汇市场的汇率只有在1美元等于1元人民币时，人们在市场上才没有了空子可钻。否则，人们就会马上提起鸡来，不是从中国提到美国，就是从美国提到中国，从中赚取差价。

那么，从这个例子我们可以看出哪些奥妙来呢？其中的奥妙多着呢！

在我们的金融学理论中，有一种理论叫作“购买力平价学说”。这种学说也是一种外汇市场汇率决定学说。

它认为外汇市场上的汇率只有与两国购买货币的购买力相等才是一种合理的价格，或者说才是一种均衡价格，即我们所说的没有空子可钻的价格。

这就意味着，当美元和人民币的购买力是 1∶1 时，汇率就应是 1 美元等于 1 元人民币，否则就不均衡，大家都要来钻空了。钻空子的结果就是重新趋向这种均衡状态。

用金融工程套利图来解释，这种外汇市场和商品市场的均衡价格，即“平价关系”，就是我们的“A 点”。我们的外汇买卖、家禽市场的买卖，就是我们的“积木”，我们的金融工程师操作运用的，就是“积木分析法”，即我们的“B 点”。

这样一来，我们就已经抓住“两条鱼”了。

“第三条鱼”呢？那就是我们的 C 点了。

在这个例子中，我们假定今天买卖鸡时的汇率和日后将外币换成本市场时的汇率是不变的，但实际情况往往并不是这样的，两个时间点的汇率往往是在变化的，甚至会有很大的变化！这就是汇率风险，也是外汇市场上的金融风险。

我们在后面会讲到外汇远期交易，如果我们使用外汇市场远期交易事先就可以锁定日后的汇率，这就可以防范我们面临的汇率风险了！

你们再仔细想一想，在这里，我们不是又可以抓住“第三条鱼”了吗？“三条鱼”都可以抓住了，我们就可以是一个“合格的”金融工程师了！

用学术语言来讲，我们并不将家禽市场的买卖称为“鸡的旅行”，而是家禽“国际贸易”，将鸡提到美国就是我们的“出口贸易”，提回国内来就是“进口贸易”。懂得了“一手抓三条鱼”的“购买力平价学说”，就可以成为一个国际贸易商了，甚至可以成为一个出色的国际贸易商！

叶永刚

2022 年 10 月 2 日

于黄陂下叶塆

存款搬家与国际费雪效应

在前面的课程中，大家不仅学到了“一手抓三条鱼”的本领，而且将这种本领运用到了商品市场的现货工具和外汇市场的现货工具上。

我们尝试将这种本领运用到货币市场上，并且在运用这种本领时，设法将货币市场与外汇市场进一步融会贯通。大家感兴趣吗？

我们先来看现货市场吧。

我们假定在美元市场上，年化利率为 5%，而在人民币市场，年化利率为 10%。

我们再来看外汇市场上的情况。

我们假定今天的汇率为 1 美元等于 6 元人民币，并且假定一年后的汇率仍然为 1 美元等于 6 元人民币。请大家想一想，在这种假设情况下，我们的金融工程师会干什么？

他们会进行存款搬家。

他们会将美元存款按照 1 美元等于 6 元人民币的汇率换成人民币，变成人民币存款，一年之后，再将人民币按照同样的汇率换成美元。

他们为什么要这样做呢？

因为他们这样做的结果可以赚取美元和人民币之间 5%的利息差。这种存款搬家的行为就是我们在金融工程教科书中所讲的“套利”交易。

如何用“三条鱼”的理论来分析我们的这种套利过程呢？

首先看“A 点论”。无套利的平价关系应该是怎样的呢？利率上的差价为 5%，那么汇率上的差价也应该是 5%，这才是真正意义上的“无套利”。但是在这里，汇率上的差价却是“零”。利率上赚了 5%，汇率上亏掉 5%，这叫损益两平。如何才是汇率上亏掉 5%呢？那就是人民币贬值 5%，而不是假定一年期的汇率没有变化。这就是我们的“第一条鱼”理论。

其次看“B 点论”，存款搬家就是运用“积木分析法”赚取利息差价的过程，这就是我们“第二条鱼”理论。

最后我们再看“第三条鱼”理论。请大家注意，我们在这里假定的是一年期的汇率没有变化。但实际上，一年期汇率是在不断变化的。这就是金融风险。如何避免和防范这种风险？后面所要讲到的远期外汇交易就正好是这种风险的“克星”了。

懂得了“三条鱼”理论在外汇市场上的应用，也就明白了什么叫作国际费雪效应理论了。

国际费雪效应理论认为，要想让国际市场和外汇市场之间没有任何套利机会，那就需要让不同货币市场上的利率差等于外汇市场上的汇率差。否则就会存在套利机会，套利的结果会使两个市场上价格变化趋于这种均衡状态。这种状态不就是金融工程套利图中的 A 点均衡状态吗？

所以，我们在这里完全可以这样说：“一手抓三条鱼就可以掌握‘国际费雪效应理论’了！”

如此高深的金融学理论就这样被我们用金融工程师的“三条鱼”理论轻而易举地解决了！

不亦乐乎！

叶永刚

2022 年 10 月 2 日

于黄陂下叶塆

灯塔与金融市场的"铁三角"

当我在课堂上讲到现货工具的定价问题时，我总是希望自己能向同学们反复强调以下这四层意思。

其一，当我们学习金融工程的"衍生工具"时，一定要打好"现货工具"的基础，因为"衍生工具"是从"现货工具"派生而来的。

其二，在"现货工具"中，主要有三大市场的"现货工具"。一大市场是"货币市场"，货币市场有广义与狭义之分。广义指货币市场与资本市场，其价格都是利率。狭义仅指货币市场，即一年期以内的借贷市场。两大市场涉及商品市场，三大市场则包括外汇市场。

其三，这三大市场形成一种价格关系上的"铁三角关系"，在商品市场和期货市场之间有"费雷效应理论"，在商品市场与外汇市场之间有"购买力平价理论"，在货币市场与外汇市场之间有"国际费雪效应"。谁掌握了这三大理论的要义，谁就掌握了这三大市场的平衡关系，谁就掌握了金融市场上的"三条鱼"理论。

其四，在这三大市场上，货币市场上的利率就像夜航在大海上的灯塔一样，是金融市场上的"定海神针"。

首先我们可以看一看商品市场上的商品价格与货币市场的利率之间的关系。在金融工程理论上，我们常常强调一种"无风险利率"。在商品市场上，对于任何一种商品交易所形成的收益率，我们总是将它们与货币市场上的无风险利率进行比较，只有调整了风险后的收益率大于风险利率时，这些商品交易才有存在的价值和意义。否则，这种交易是很难持续进行的。这样一来，我们的"无风险利率"便成为商品市场上从事各种交易的"灯塔"或者"北斗七星"了。

其次我们再看外汇市场的角色，外汇市场在这里到底在扮演着一种什么角色呢？仔细一想，它所扮演的不就是一种"桥梁"的角色吗？正是有了外汇市场，不同国家和地区之间的商品交易才有可能彼此进行分析和比较，要不然就真的成了"各吹各的号，各唱各的调"了。

因为有了外汇市场，我们的货币就可以在不同国家和地区的商品市场上从事交易了。当我们将这种交易的收益率与本国的无风险利率进行比较时，我们只要加进外汇损益的计算，这种比较就可以一目了然了。

可是，在我们涉及三个市场之间的关系分析时，我们的成本收益分析法就需要考虑外汇市场上的“成本收益法”。只有将这两个“成本收益法”放在一起，我们才能真正地理解金融市场上的这种“A 点论”。

随着我们的分析过程从现货市场进入衍生市场，货币市场上的利率在整个金融市场上的“灯塔”作用就会越来越清晰明了。

叶永刚

2022 年 10 月 2 日

于黄陂下叶塆

第四章 04

课程导论之三：“工具论”（中）

关于"工具论"（中）

——珞珈山课堂随想之四

从这里开始，我们将要给同学们讲解金融衍生工具。

所有的金融衍生工具都有一个共同的作用，即可以锁定某种资产在将来某个时间的价格。这就是我们所说的价格风险管理。

所谓风险，我们指的是不确定性，更具体一点说，是造成损失的可能性。一般说来，管理风险的路径有两条，一是将不确定性变为确定性，二是将不确定性的不利方面锁定而保留其有利方面。

我们可以将管理风险的衍生工具也分为两类：一类为线性工具，另一类为非线性工具。前者有远期、期货、互换等，后者有期权等。

风险管理的第一条路径所使用的是线性工具，而第二条路径所使用的则是非线性工具。

所谓线性和非线性指的是数学术语，即这些衍生工具定价时所体现的线性方程式和非线性方程式。

我们在"工具论"（中）主要给同学们讲解线性工具，非线性工具的内容留在后面的章节中去讲解。

就其数学的复杂性来说，线性工具显然比非线性工具要简单一些。但是，大家千万不要以为线性工具的作用就会比非线性的作用小！

接下来，就让我们进入线性工具的学习和讨论吧！

叶永刚

2024 年元旦

于珞珈山

远期与“茶杯理论”

撰写这一篇时，我极其认真地做好了写作前的准备。

我中午美美地睡了一觉。这是为了保证在下午写作时保持充沛的精力。走进办公室，拉开窗帘，打开窗户，让窗外的蓝天白云和青山绿水一起和我做伴。然后，泡上一杯我自创的“工程茶”，即运用积木分析法，让红茶、绿茶和白茶全部“混改”在一起。慢慢地喝着，细细地想着，从容不迫地写着。

为什么要将这一篇的写作整得如此“庄严”呢？因为我太在意这一部分的写作了，在我几十年的金融工程教学中，我认为“远期交易”可算是我讲得最得意的一课了。

有一次，我到我们的学校校务处办理出差报销手续。

没想到那位财务人员对我格外热情，他告诉我说：“叶老师，我在您的MBA 班上听过您的课。您讲的‘茶杯理论’给我的印象太深了，我一辈子都忘不掉呀!”

我恍然大悟，原来是“茶杯理论”给我带来的好运呀!

什么是他说的“茶杯理论”呢？就是我那次在讲远期交易时，我以我手中握着的那个茶杯来举例而已!

我是这样来讲这个例子的。

我说：“假定这个茶杯的现货价格是 1 元钱，1 年期的远期价格 1.2 元钱。假定货币市场上银行一年期的年化贷款利率为 10%。你想想看，这里面有没有空子可钻?”

反应快的同学马上举手：“有。”

“有多少?”我又问。

又有同学回答：“有 10%!”

“如何获取这 10%的空子呢?”该同学被我问住了，答不上来了。

马上就有另一位同学举手了。

他回答：“借 1 元钱，买进现货茶杯。同时，进行一笔远期交易卖出这个茶杯。做完这三件事，在一年后就可以获取这10%的利润了。"

我大大地将这个同学表扬了一番，并许诺在期末考试时可以根据课堂表现给他加分！我紧接着告诉大家："该同学的这种做法叫作套利交易。套利交易是一种没有成本，也没有风险，而且可以赚取利润的一种金融交易！"

我接下来就将这个例子引导到了另一种场景。我说："如果大家都像这样来套利，并假定茶杯现货价格不变，货币市场利率不变，大家说一说，茶杯远期价格会如何变化呢？"

同学们很快就找出答案了："茶杯远期价格会下跌。"

我继续假设："如果茶杯远期价格跌到1元钱，跟茶杯现货价格一样呢？还有没有空子可钻，有多大空子？如何钻这种空子？"

反应快的同学很快答复："仍然有空子。10%的空子，反过来套利。先借一个茶杯，卖1元钱。存在银行，到期收益1.1元人民币。同时，进行一年期限的远期交易，买入茶杯。一年后，同样赚取了0.1元人民币！"

我紧接着又问了一句："什么情况下没有空子可钻呢？"

又有同学举手了："老师，远期价格为1.1元钱时就没有空子可钻了！"

我马上强调："同学们，请大家注意了！这个没有空子可钻的1.1元钱的价格不就是我们在前面所讲到的无套利分析法中的那个'无套利价格'吗？"

同学们"哦"的一声，恍然大悟了！

无套利分析也就是我们多次讲到的"A点论"。有了"A点论"，我再讲"B点论"。

我问大家："你们是怎样钻这个空子的呢？"有的说，在第一种情况下，先借货币买入现货茶杯，做茶杯多头远期。有的说，在第二种情况下，先借茶杯做茶杯空头现货交易，再存款于银行并做茶杯多头远期交易。

我告诉大家："这种交易过程不就是'积木分析法'吗？现货是一块积木，借贷也是一块积木。我们运用这两块积木不就制造出来另一块积木'远期交易'了吗？这不就是我们的"B点论"吗？"

我接下来讲"C点论"了。

我让同学们继续思考："这种交易过程有没有金融风险？"

大家想了想，回答："没有！"

"为什么没有呢？"我又问道。

有同学回答："因为这里有远期交易，远期交易和现货交易是同时进行的，而且这两种交易的买卖方向正好是相反的。"

我对同学们说："这种远期交易是一种保值交易。这种保值交易也叫对冲交易。茶杯现货的价格风险通过茶杯远期交易进行控制和防范。这不就是 C 点论吗?”

讲清楚了茶杯交易的“A 点论”“B 点论”“C 点论”，我不就讲清楚了我们的“一手抓三条鱼”的“三条鱼理论”了吗?

讲清楚了“三条鱼理论”和远期交易的关系，不也可以让同学们举一反三，弄懂“三条鱼理论”和所有现货商品或现货工具的关系了吗?

难怪我的那个 MBA 学员在办理报销手续时要对我格外热情了。

大家谈到这里，该明白我为什么在写作时要如此“庄严”地对待这部分内容了吧?

叶永刚

2022 年 10 月 16 日

于珞珈山

远期茶杯交易与利率平价理论

从1983年开始我留校任教，到现在已经40年了。这40年来，我在金融衍生工具方面讲授和研究得最多的恐怕就是远期交易了。

留校在武汉大学第一年任教的第一门课程就是"外汇经营管理"，从那时开始就讲外汇远期交易了。后来又帮武汉证券交易中心研究和设计商品远期交易市场，也曾做过上海外汇交易中心的外汇远期交易市场研究项目和教育部的远期市场研究项目。但真正在课堂上讲远期交易最多的还是在"国际金融"和"金融工程"课程中，这两门课我已经上过30多年了。每次讲这两门课都离不开讲远期交易的内容。

仔细想来，我这辈子真要感谢远期交易！它不仅让我有课可讲，而且让我有课题可做，还以此内容作为研究方向发表了不少学术论文，并且评上了教授职称！

又到了要在课堂上讲远期交易的时节了！

讲完了在远期交易中如何"一手抓三条鱼"的"三条鱼理论"之后，我觉得还应该在远期交易中运用"三条鱼理论"讲好远期外汇交易这一课。因为在我看来，在所有的远期交易市场中，外汇远期交易市场是全世界最成功的远期市场，也是最成熟和最复杂的远期市场。我们的学生一旦掌握了外汇远期市场的基本原理，那其他远期市场的理解便是一件并不困难的事情了。

从"三条鱼理论"出发，"A点论"就是远期定价问题，而"B点论"就是套利方法问题，那么"C点论"就是做市商制度的设计与运用问题了。A、B、C"三点论"弄明白了，外汇远期交易市场的基本原理就清晰了。

在远期交易的A、B、C"三点论"中，"A点论"是核心问题，它所要解决的是如何运用无套利分析法来解决远期定价的问题。

我又想起了我摆在课堂上的这只茶杯的"茶杯理论"了。

我可以用我的"茶杯理论"讲清楚远期外汇市场上的定价问题，即我们在金融学和国际金融学中所说的"利率平价学说"。

我在课堂上告诉大家："你们只要将外币看作一个'洋茶杯'，所有的商品远期交易的原理就可以在这里豁然开朗了。"

茶杯远期交易的套利过程，如果用一个简单的数学公式表达，可以写成如下表达式：

$$f=S+C$$

其中：

1. f=茶杯远期价格；

2. S=买入茶杯现货的成本；

3. C=借入货币买入茶杯的货币利息成本。

我们曾经假定：茶杯现货价格为 1 元钱，茶杯远期价格为 1.2 元钱，而本币年化利率为 10%。在这种情况下可套利，在套利的情况下，可形成无套利价格 1.1 元。这种套利过程用抽象的数字符号来表达就是上面的数学公式。

有了这个公式，我们再来看外汇市场上的交易活动。

假定美元兑人民币的当日即期汇率为 1 美元等于人民币 6 元。一年期的远期汇率为 6.5 元。人民币的一年期利率为 10%，而美元的一年期利率为 5%。

大家想想，这一定存在套利机会。人们可以借美元换成人民币，存放人民币，同时做远期交易用人民币买美元，到期用买入的美元偿还所借入的美元本金和利息。这就是套利行为。这就是我们"三条鱼理论"中的"积木分析法"的运用。这样做的结果，就会形成无套利的价格。在本例中，这种理论价格为 6.3 元人民币，套利者在这里赚取了 6.5 元和 6.3 元之间的差价。这就达到了"B 点论"，即"第二条鱼理论"所要达到的目的。

由于这里有远期外汇交易，汇率的变动风险就可以防控。这就达到了"C 点论"，即"第三条鱼理论"所要达到的目的。

外汇远期市场这个例子和前面茶杯远期市场的一致性到底在哪里呢？

大家再仔细想一想！

外币美元不就是一个"洋茶杯"吗？"洋茶杯"的现货价格为 S，借钱买"洋茶杯"的利息为 C，那"洋茶杯"的远期价格不就可以用"$f=S+C$"来表示吗？

且慢，这"洋茶杯"和我们在前面所假设的"土茶杯"还是有一点区别的！我们借钱买入"土茶杯"之后，是假定将"土茶杯"摆放在茶案上，一年到期后再交给交易对方。但是，我们的"洋茶杯"则不然，它是一种货币，人们买入它之后不是摆放在茶案上，而是存放在银行里。银行还会给存款一笔利息收益！

如何将我们的“洋茶杯”远期交易公式再做一点修正呢？

这个事情并不难！

假定这个货币的利息收益用字母 R 表示，这个公式就可以写成：

$$f=S+（C-R）$$

这不就达到我们的目的了吗？

（$C-R$）到底是什么东西？不就是两种货币的利息差吗？

以上的公式在告诉我们什么道理呢？

它意味着：远期汇率=即期汇率+两种货币的利息差。这不就是我们远期外汇交易的定价公式，即我们的“利率平价学说”吗？只不过我们在金融学和国际金融学教科书中，不是将这个差额称为“利息差”，而是叫作“升水”“贴水”！

我们的“茶杯理论”轻而易举地解释了“利率平价学说”！这不就事半功倍、“刻骨铭心”了吗？记住眼前这只茶杯，你就忘不掉“利率平价学说”了！你就可以真正像金融工程套利图所要求的那样，“一手抓三条鱼”了！

叶永刚

2022 年 10 月 19 日

于珞珈山

期货与一位铜交易者的故事（之一）

我们的“金融工程创新艺术”课堂要讲期货交易了。

张培老师跟我商量：“叶老师，您能不能讲一下期货交易应用的例子？”

我很愉快地答应他了：“没问题！”

我之所以答应他“没问题”，是因为我满脑子都是期货交易应用的例子！

刚刚答应了张培的请求，我的脑海中就浮现出了一个期货运用的例子来。

我记得有一年我给金融工程的博士研究生上课，正好讲到了期货交易这个专题。

首先，我带领他们学习了期货交易的中外文的重要文献；其次，讲到期货的定价、期货的套利和期货的套期保值等问题，这也就是我们的“三条鱼理论”了；最后，我讲到了中国和全球期货市场发展的前沿。

我的话音刚落，就有一个博士研究生发言了。

他说他有一个朋友，自己开了一家公司，专门做铜生意。他在国内市场买入现货铜锭。同时，在国外市场上套做期货铜锭。他这样做，每年都可以赚不少钱，日子过得很潇洒，每个周末都到高尔夫球场健身。以前一直没有弄清楚这个朋友是如何发财的，现在学习了期货交易这部分内容，总算是明白到底是怎么一回事了。

我在课堂上告诉他，他的那个朋友尽管在做期货交易，实际上他是将期货交易与现货交易在套做。他买的是现货，但同时又在国外市场上卖出了期货。这样一来，他就可以在没有价格风险的情况下赚取期货和现货之间的差价。我们将这种交易称之为套利交易。实际上，他所赚取的是无套利价格与有套利价格之间的差价。

那个博士研究生听完了我的解释之后又告诉我，他的那个朋友后来栽了跟头，做的还是那种铜交易，但是他做亏了，高尔夫球也打不成了。以前赚的钱也一起亏进去了。

我问他：“为什么会这样呢？”

他说，他那个朋友买进现货铜锭后，一开始也是在国外套做铜期货。但是，当他将买进的现货铜锭存放在国外时，很快发现这些铜现货的价格上涨得很快。于是他卖掉了这些现货铜，赚到了差价。可是，他没想到，后面的铜价一路上涨。尽管他在现货上赚了，但当等到他的期货到期需要交货时，他却亏得一塌糊涂了。不仅亏掉了现货上的差价，而且亏掉了以前的利润。

我对这位博士研究生说："你的朋友以前之所以有钱去打高尔夫球，那是因为那时他做的是套利交易。套利交易是没有价格风险的。在那种交易过程中，期货交易是用来保值的，那是一种与现货交易套做的对冲交易。您的朋友后来所做的交易就不一样了。他所做的不再是套利交易，而是投机交易了。他的期货放弃了与现货对冲，而仅仅只是变成一笔孤零零的期货交易了。这种交易是具有金融风险的，甚至是巨大的金融风险。"

最后，我针对这个故事进行了总结。我告诉这些研究生，我们从这个故事中可得到如下启示。

1. 我们不仅要弄懂期货交易的基本原理，而且要学会如何在现实中进行应用。

2. 我们在学习期货交易时，一定要弄清楚保值、套利和投机这三种交易的区别与联系。前两者是风险可控的，而后者是在赌博，风险是很难防范的，一不小心就会铸成大错！

3. 从事期货交易这个行当一定要有底线思维，必须克服和防范人性的贪婪。很多人之所以栽跟头，就是希望能通过投机交易来做到一夜暴富。殊不知，投机这种交易收获是需要"运气"的。运气的操纵者是上帝，而不是我们自己！

还记得吧，我们讲到金融工程培养目标时，我们说过，我们是要培养出能够"一手抓三条鱼"的渔民。那"三条鱼"之一就是"风控"啊！

还望各位读者切记！

叶永刚

2022 年 10 月 19 日

于珞珈山

期货与一位铜交易者的故事（之二）

在讲期货交易内容的课堂上，我给大家讲了那位铜交易者的故事，并且我通过这个故事讲到了投机、保值与套利三者之间的区别与联系。我还想反复强调这三者之间的关系。

这三者都是金融交易活动，而且是金融工程中最基本的三种交易活动。但三者之间是有本质区别的。投机指的是一种“赌博”行为，主要指通过买卖活动来获取价格变化的利益。而保值也叫套期保值，也叫对冲交易。它指的是通过锁定未来价值变化的区间而保证正常的经营活动的行为。而套利则指的是通过价格差来获取利润的交易行为。

但是，这三者之间有时并没有很严格的界限，并且相互之间是可以转化的，很有可能从一种交易行为变成另一种交易行为。

还是以我们的铜交易者为例来说明这个问题吧。

本来，我们的铜交易者在开始做这笔交易时并没有想到要做投机交易，但是做着做着，随着市场行情的变化，他的初衷也在发生变化。

当他将现货铜锭出口到境外准备做铜期货交割物时，忽然发现铜现货价格正在上涨。他此时禁不住这种价格上涨的诱惑。他马上卖掉了这笔现货铜锭，从中赚取了现货价格的差价。

然而，当他进行这笔现货交易时，他忘掉了他的期货交易。他的期货交易在他卖掉这笔现货铜锭时，这二者是捆绑在一起的。这是一笔套利的交易，期货交易具有对现货交易的保值作用。可是，他一旦提前卖掉了现货，他就给这笔交易松绑了，就使期货成了一笔孤零零的交易。这种交易就具有风险了，就具有投机性了。

更糟糕的是市场上的价格一直往上涨！这就使他的期货交易出问题了。他的失败和挫折，就在于他将套利变成投机了。

大家看见了，套利和投机二者之间是可以转化的。前者是套利，后者是投机。前者是期货的保值和对冲作用，这笔交易无风险。后者无这种保值和对冲作用了，所以有风险了。无论是现货交易还是期货交易，其投机活动都有风险，甚至有着巨大的风险。

因此，当我在课堂上讲到投机交易时，我总是反复对每一个学生强调：慎之！慎之！

叶永刚

2022 年 10 月 18 日

于珞珈山

期货与一位铜交易者的故事（之三）

这位铜交易者的故事还可以继续挖掘哟！

我接着通过这个故事，给同学们讲到了国内套利和国际套利的关系。

对我们的这位铜交易者来说，他在套利的过程中，既可以选择一国的国内套利，也可以选择在两国之间进行套利。

他如何选择在一国之内套利呢？

比如说，他可以选择在国内套利。他可以在中国的铜现货市场买入铜锭之后，紧接着在国内铜期货市场上卖掉。这样一来，两笔交易都是用人民币计价，这种收益率很快就可以直接计算出来。他再将这种收益率与货币市场上的利息率进行比较，就可以很快计算出这种交易的套利所获了。

同时，他也可以选择在国外，比如说在英国从事这种交易。这个问题也不复杂，他直接将铜现货的英镑价格与铜期货的英镑价格进行比较即可。

可是现在，他所做的交易却是跨境交易了。铜现货交易发生在中国，并以人民币计价，而铜期货交易发生在英国，以英镑计价。这种国际套利是怎样进行成本收益分析的呢？

这就涉及外汇市场及其汇率问题了。

正因为有了外汇市场，他可以将人民币现货换算成英镑现货，并与英镑期货进行比较，从而计算出其收益率。

或者，他也可以将英镑期货换算成为人民币的铜期货，再与人民币的铜现货进行比较。其道理都是一样的。

用心的同学听到这里，可能会问我："叶老师，为什么这个铜交易者不在中国直接做铜套利交易，也不在英国直接做这种铜套利交易，而偏偏要在两国之间做这种交易呢？"

这就涉及金融工程的路径选择和优化了。三条路径都可以走得通，但是三者之间会有一条最为优化的路径。

我们的铜交易者在这里选择了三者之间的国际套利，那一定是他认为这种套利所获更多。

这不就是我们所讲的“金融工程创新艺术”吗？其艺术性不就在于其路径的选择与优化吗？

叶永刚

2022 年 10 月 18 日

于珞珈山

互换与茶杯交易有关系吗

课程内容很快就要进入互换交易的分析了。

互换交易也是一种金融交易活动，讲得比较多的内容有两大类：一类是货币互换，另一类是利率互换。

每一次走上课堂，我都不会忘记，在第一次课堂上，我曾经就笑着对同学们说："你们看一看，我面前摆着的是一个什么东西！"

"茶杯！"大家都看清了。

我继续告诉大家："你们不要小看这个茶杯。它的作用可大着呢！我在这学期的每一次课程中，都会讲到它。你们弄懂了这个茶杯和它的交易，就可以弄懂本学期金融工程这门课程中的所有内容！"

于是，每一次课程，我的讲解就从这只茶杯开始了！

今天，我要用茶杯来讲互换交易了！

我告诉大家，当我把这个茶杯卖给你们某一位时，并且一手钱一手货时，这是在讲现货交易。如果今天同意在未来按某个事先约定的价格卖给你们，但要到未来那个约定的日子才"一手钱一手货"，那么这就是远期交易或者期货交易了。

但今天我们的茶杯交易不再是这样的了。我的茶杯是红色的，你的是蓝色的。你想和我换一换。

那好，我就和你换了，这叫作易货贸易。这里的易货贸易也是一种现货交易。一般的现货交易是用商品来与货币进行交换，易货贸易则是以物易物。

如果我们的茶杯交易到此为止，这就与我们所要学习的互换没有任何关系了。但是，我们在这里的故事还没有完。我们在交换完了这两只茶杯后，我们又附加了一个约定，一个月以后，我们各自用够了手中的茶杯之后，再重新换回来，物归原主。我的红茶杯还是我的，你的蓝茶杯还是你的。

这就是一笔比较完整的茶杯互换交易了！

它同时做了两笔交易，一笔现货交易，一笔远期交易或期货交易。这两笔交易的规模相同，但方向正好相反。

如果我们将这两只不同颜色的茶杯换成两个国家的不同货币呢？这叫作外汇互换交易，也叫作外汇调期交易。如果换成同一种货币的两种不同类别的贷款呢？这不就是固定利率和浮动利率的利率互换吗？如果是不同货币之间的利率互换呢，这不就是货币互换了吗？

讲到这里，我一定要让学生注意外汇互换交易与货币互换交易的区别，前者是外汇市场上的交易。它用“升水”或“贴水”来表示即期和远期交易之间的差价；后者是货币市场上的资金借贷交易，它用利息差价来进行定期清算。

就这样，我们利用茶杯互换交易渐渐打开了同学们关于其他金融互换交易的思维之窗！

叶永刚

2022 年 10 月 18 日

于珞珈山

利率互换与国际金融市场上的第一笔融资

讲完了茶杯交易与互换交易的关系，我开始讲到利率互换了。

站在课堂上，我想起一个故事来。

有一次，有一个毕业多年的学生回校园看我来了。我问到了他的近况，他说自己在一家国际信托投资公司工作，目前正在为当地政府筹措一笔外债而费脑筋呢。

这笔外债准备在美国市场上筹措。当年政府希望使用固定利率而不是浮动利率。

在这里有必要解释一下什么是固定利率，什么是浮动利率了。前者是将每次偿付的利率在开始就一次敲定，而后者则是每次根据金融市场上的价格进行调整。一般来说，这种调整的价格用得比较多的是国际货币市场上的参考利率。

这就有了两种不同类型的借款方式了。前者叫作固定利率借款，后者叫作浮动利率借款。

我对那个同学说："这不就是一笔简单的美元固定利率借款吗？对你这个金融的高才生来说还需要费什么脑筋吗？"

他说："问题不在于仅仅只是考虑用固定利率借款。我们的顶头上司很专业的。他要我们琢磨一下，是用固定利率直接去借，还是先用浮动利率去借，再做一笔利率互换将浮动利率互换成固定利率。这两条路径都借到的是固定利率贷款，但二者的成本一般说来是有差别的。"

我听明白了。这不就是金融工程中的"积木分析法"吗？

直接去借固定利率贷款，这是一种筹资方式。

而第二种筹措方式用公式来表达就是，固定利率=浮动利率+利率互换。

由于这两种路径之间可以进行套利，套利的结果就是二者的价格趋于一致。这就是"无套利分析方法"的应用了。

如果单就这笔业务来看，我的那位毕业生无论用固定利率来融资还是用浮动利率来融资，他都存在着金融风险。比如说，他用固定利率融资，如果日后利率下降呢？他岂不是亏了。如果用浮动利率融资，假定日后利率上升呢？他岂不又亏了？这就是我们讲的利率风险。

有没有什么办法对付这种风险呢？

无论他用哪种融资方式借入。他都可以同时反向复制出一种同样的融资方式来，这样做就可以做到对冲风险了。具体解释吧。当他做了一笔固定利率借款时，他可以再借一笔浮动利率借款，并将浮动利率借款互换成为固定利率借款。他同时做这两笔交易，就可以对冲掉这种风险，并且还可以去赚取二者之间的差价。当他这样做时，他就成了一个地地道道的互换交易做市商了。这就是我们的"金融风险分析法"了。

我们的"三条鱼理论"又一次在这里得到了验证！

叶永刚

2022年10月19日

于珞珈山

货币互换与一笔日元外债

我们的“茶杯理论”不仅可以解决红茶杯与蓝茶杯的互换问题，而且可以解决固定利率与浮动利率借款的互换问题，解决不同货币借款的互换问题。

借下了固定利率的借款，害怕利率下降了怎么办？通过利率互换交易换成浮动利率不就得了吗？借下了浮动利率的借款，担心利率上浮了怎么办？同样好办，运用利率互换将浮动利率换成固定利率不就行了吗？

国际金融市场上这种中介机构容易找到吗？很容易！这不就是互换交易的做市商吗？他们高兴着呢！有了这些需求，他们就可以在满足这种需求的同时，赚取他们在对冲交易中存在的差价了！

利率互换可以按照这样在金融市场上大显身手，货币互换呢？莫不如此。

我们接下来就听一个关于货币互换的故事。有一次，在武汉大学的“金融工程”课堂上，我们请来了一家金融机构的专家来给我们学生做学术报告。他讲到了一个例子。

他说，那一年他们公司在国际金融市场上借了一笔日元债务，期限比较长，20 多年，并且使用的是固定利率。尽管当时看来，借款的利率成本并不算高，但是后来由于日元的汇率一直走强，他们的汇率风险损失不小。而且根据当时的估算，日元在日后好多年还在升值。这样维持下去，外债的汇率风险就太大了。

后来，他们感到再这样下去就会造成很大的损失，一定得想办法了。他们就在国际市场上，将这笔日元债务通过货币互换的方式换成了美元债务。由于他们公司出口大多以美元计价，他们可以用日后的美元应收款支付这笔外债的美元应付款。他们的汇率风险就这样完全控制住了。

大家听懂他在说什么了吗？

由于日元是一只“红杯子”，美元是一只“蓝杯子”，两种不同的杯子可以在金融市场上互换。担心日元这种“红杯子”出问题，我们就运用互换原理换成“蓝杯子”。害怕“蓝杯子”出问题，我们还可以换成“紫杯子”。

用心的同学可能在这里给我提出一个问题来："叶老师，这两笔借款进行互换时，需要同时互换本金和利息吗？"

这就要看具体情况和双方的意愿了。其实，互换本金和不互换本金的差别并不像我们想象的那样大！

你仔细想想看，一笔 100 万的本金换另一笔 100 万的本金有差别吗？一笔 100 万的美元换另一笔等值于 100 万美元的人民币有差别吗？

互换交易一旦剥掉了本金交换的"外衣"，行动起来岂不更为"便捷"？

叶永刚
2022 年 10 月 19 日
于珞珈山

茶杯互换交易与绝对成本学说

我过去在课堂上讲互换交易时，常常以萝卜和白菜为例，来讲互换交易和国际贸易中的成本学说之间的关系，这次我决定换一种方式来讲了，我不再讲萝卜和白菜，而是讲茶杯交易。因为我向大家说过，我会将“茶杯理论”贯穿于每一学期“金融工程”课程的每一章内容中。

大家还记得我曾经讲过的茶杯互换交易的内容吧。在那里，我让大家看了我在讲台上的红茶杯，以及你握在手中的那只蓝茶杯。

为了进一步分析茶杯互换交易，我们现在从茶杯的交易市场分析转移到茶杯生产领域来分析。

我们首先来分析茶杯生产的第一种情况。

在这种情况下，我和你一样，同时生产红茶杯和蓝茶杯。我可以做到一天生产一只红茶杯，两天生产一只蓝茶杯。而你则不然，你可以做到一天生产一只蓝茶杯，两天生产一只红茶杯。

我画了一张表来表达这种情况，如表 1 所示。

表 1　绝对成本学说假设

生产者	茶杯	
	红茶杯	蓝茶杯
我	一天一只红茶杯	两天一只蓝茶杯
你	两天一只红茶杯	一天一只蓝茶杯

我与你共计：6 天，生产两只红茶杯，两只蓝茶杯。

我们再来分析茶杯生产的第二种情况。

在这种情况下，我专门生产红茶杯，你专门生产蓝茶杯。我可以做到一天生产一只红茶杯，你可以做到一天生产一只蓝茶杯。

我画出另一张表来表达这种情况，如表 2 所示。

表2　绝对成本学说解释

生产者	茶杯	
	红茶杯	蓝茶杯
我	三天三只红茶杯	
你		三天三只蓝茶杯

我与你共计：6天，3只红茶杯，3只蓝茶杯。

我们将这两种情况进行对比分析，可以从中看出什么奥妙来呢？

前者花6天时间，生产出两只红茶杯和两只蓝茶杯，后者同样花了6天时间，却生产出了3只红茶杯和3只蓝茶杯。总投入没有变化，都是6天，但总产出变了，多生产了一只红茶杯和一只蓝茶杯。

为什么会这样的呢？这是因为我在红茶杯生产上有绝对优势，你在蓝茶杯生产上有绝对优势，我们采用商品经济条件下的生产方式，各自发挥绝对优势，这就大大提高了生产效率。

我们这里讲的是一国之内两个生产者之间的故事，如果我们再将这个假设推广到两国之间的生产和贸易，这个道理依然成立。这就是亚当·斯密在《国富论》中所讲到的社会分工和绝对成本学说。

懂了这个道理，就为我们在下一部分课程中所要讲授的相对成本学说奠定了一个坚实的基础。

叶永刚

2022年10月22日

于珞珈山

茶杯互换交易与相对成本学说

讲完了茶杯互换交易与绝对成本学说的故事，我们再来讲茶杯互换交易与相对成本学说的故事。

假定我和你同样是茶杯生产者。

我们先分析第一种情况，见表 3。

表 3　绝对成本学说假设

生产者	茶杯	
	红茶杯	蓝茶杯
我	一天一只红茶杯	一天一只蓝茶杯
你	三天一只红茶杯	两天一只蓝茶杯

在这种情况下，我们首先按自然经济的方式生产，我能两天生产一只红茶杯、一只蓝茶杯。你花五天生产一只红茶杯，一只蓝茶杯。我们两个人总共投入七天生产两只红茶杯，两只蓝茶杯。

我们再来分析第二种情况。

在这种情况下，我们按照商品经济的方式生产。我的两天全用来生产红茶杯，你的五天全用来生产蓝茶杯。我们两人总投入仍是七天。但总产出不一样，不再是两只蓝茶杯和两只红茶杯，而是多出了 0.5 只蓝茶杯。

为什么在这种情况下，总投入不变，而总产出多了呢？因为我尽管在两种产品上都有绝对优势，但在红茶杯上还是具有相对优势。你尽管在两种产品上都具有绝对劣势，但在蓝茶杯上却具有相对优势。二者各自发挥相对优势，同时投入便具有不同的产出了。

这就是英国经济学家大卫·李嘉图的相对成本学说。有了绝对成本学说和相对成本学说，我们就可以更清楚地分析金融互换交易了。

叶永刚

2022 年 10 月 22 日

于珞珈山

金融互换交易与成本学说

“商品市场上的成本学说与金融市场上的互换交易之间有关系吗？如果有，那么有什么样的关系呢？”我在课堂上，向同学们大声提问！这是为了引起大家的注意。我自问自答了：“有关系，有十分密切的关系！”

假定我和你这次不是以茶杯生产和销售者的角色出现，而是以金融互换者的角色出现。

表 4　货币互换与比较成本学说假设

互换者	币别	
	人民币	美元
我	10%	5%
你	13%	6%

在这里，我需要美元，在市场上的直接成本为 5%，而你需要人民币，在市场上的直接成本为 13%。现在，除直接融资之外，我们还可以通过互换交易来融资。

我首先借入人民币，你借入美元。其次做货币互换交易。我将人民币借给你，你将美元借给我。这种互换的结果，从人民币看，省下 3%，从美元来看，亏了 1%，综合起来看，节省了 2%。

可将这个 2%在你和我之间“切蛋糕”。我可将人民币以 11%的利率借给你。你可将美元以 5%的利率借给我。你和我都切到了 1%的“蛋糕”了。

讲到这里，我就要提醒同学们了。

人民币不就是“红茶杯”吗？美元不就是“蓝茶杯”吗？前面的成本为劳动时间，这里的为利息。但实质并没有多大的差别，这里体现的就是前面讲到的比较成本学说。

如果我们将你和我的美元利率对换一下，写成如下情况呢？

表 5　货币互换与绝对成本学说假设

互换者	币别	
	人民币	美元
我	10%	6%
你	13%	5%

二者互换的结果，节省的就是 4%，而不是前面的 2%了。这不就是“绝对成本学说”了吗?

如果我们再将 5%换成 9%呢?

表 6　货币互换与无套利分析假设

互换者	币别	
	人民币	美元
我	10%	6%
你	13%	9%

二者互换就得不到任何收益了!

这叫什么“学说”呢? 它既不是“绝对成本学说”，也不是“相对成本学说”，而是我们在金融工程方法论中所讲到的“无套利分析法”了。这不就讲清楚了互换交易中的“A 点论”吗?

通过互换来套利的做法，不就是“B 点论”吗?

在这种互换交易中，交易双方事先就锁定了日后的利率支付。这不就是“C 点论”吗?

在互换交易中，我们不是同样做到“一手抓三条鱼”吗?

叶永刚
2022 年 10 月 25 日
于珞珈山

资产互换交易与城乡一体化发展战略

同学们看到这个标题时，一定会想，叶老师怎么将这两个东西联系到一起了呢？

资产互换交易只不过是一种衍生市场上的金融工具，而城乡一体化则是一个重大的国家发展战略，这两个东西能扯到一起吗？当然能！

我们还是先从一个故事说起。

有一次，我带着研究团队到一个地区去实施金融工程。我们在那个地区选择了两个重要的突破口：一个突破口是市级国企，另一个突破口是县级国企。我们希望这两个国企能够进行协同创新，共同提高融资能力和规模。其基本构想是将县级国企的资产装进市级国企，共同融资，共同使用这笔资金。

但是，这件事情后来遇到了障碍。县级国企担心自己的资产规模小于市级国企的资产规模，形成共同体后会受到市级国企的控制，不利于自己的业务发展。

为了妥善解决这个问题，我们想到资产互换交易。

我们只是将县级国企的资产装进市级国企变成股权，提升了市级国企的资产规模和信用级别。这就大大提高了市级国企和县级国企的融资能力。

为了解决县级国企的顾虑，我们建议这两家企业再协定一个回购协议，到期后县级公司再以股权换回自己的资产份额。

这不就是我们所说的资产互换交易吗？互换交易不仅有交易互换、利率互换、货币互换，而且有资产互换。

这些简单的互换业务，不仅可以化解这两个企业之间的顾虑和矛盾，而且解决了我们经济发展中的一个重大问题，即城乡一体化问题。

我们的城市化进程是通过各地的国企来推进的，但这些国企的资产规模和融资能力有限。如果我们能够通过我们金融工程中的资产互换交易来进行协同创新，这个问题不就迎刃而解了吗？市级国企可以和县级国企这样干，县级国企和各乡镇的国企集体经济组织不一样可以这样干吗？市级国企和省级以上的国企不是同样可以吗？

同学们明白了吧？这叫作什么？这叫作小工具大战略！

叶永刚

2024 年元月 3 日

于珞珈山

第五章 05

课程导读之四：“工具论”（下）

关于"工具论"（下）

——珞珈山课堂随想之五

我们讲过了线性工具及其应用，就要进入非线性工具的分析了。所谓非线性工具，在这里指的就是期权。

为什么要单独作为一个部分来分析它呢？因为它重要！

我常常在课堂上跟同学们开玩笑说："如果我要在这门课程结束时对你们进行考试，你们猜想一下，我最想考你们的题目是什么？"

所有的同学都瞪大眼睛看着我。

我接着说："我会出一道题，为什么诺贝尔经济学奖金颁发给默顿等人呢？"

同学们问我："为什么？"

我对大家说："因为默顿等人解决了期权定价问题。一旦期权定价问题解决了，期权市场就可以插上腾飞的翅膀了！"

期权正是这种交易工具，可以解决非线性问题，即锁定其不确定性的不利方面而保留其有利方面！并且，期权可以与任何其他的金融工具进行排列组合而构成各种各样的创新工具。

除其重要性之外，还有一个原因，那就是它的复杂性。所谓复杂性是就其数学水平来说的。远期、期货、互换交易所使用的都是线性数学工具，而这里涉及的是非线性数学工具。这里需要用到随机过程和微分方程等更加高深的数学工具。这就需要我们了解和掌握更多的数学方法了。

尽管期权复杂一些，但在金融工程中，它是最值得我们去学习和研究的金融工具。因为掌握了期权，就可以弄懂几乎所有的金融工具了，也就可以明白微观资产定价和宏观资产定价的理论和方法了。

有困难吗？也许有。但是我们不怕，让我们迎着困难，一步一步向前跋涉吧！

叶永刚

2024 年元旦

于珞珈山

期权与数学

我记得小时候唱过一首歌，叫作《八月桂花遍地开》。这首歌几乎给了我一种思维定式：桂花一定开在八月。

今天是阳历 10 月 20 日，农历九月二十五日，这两个日子都和八月扯不上关系，但珞珈山的桂花却遍地盛开了。推开窗户，窗外的桂香扑鼻而来，我几乎有些招架不住了，呛得几乎快要窒息了。

但是，我很快就适应了。浓浓的桂香沁人心脾，我相信，此时此刻，我的每一个细胞、每一个毛孔，都在散发着桂花的香气，让我感受到自己就是舒展在这个秋天的一棵繁花盛开的桂花树了。

能在这样的环境中读书、教书和写书，难道不是人生的一大幸事吗？我简直沉浸在一种自我陶醉的感觉之中了。

很快，我们的课堂就要进入期权交易的分析了。

我又想起一段往事。1996 年，我作为一个访问学者，赴美国康奈尔大学学习。在此之前，我一直在武汉大学讲授“国际金融”课程。但是在康奈尔大学，我与金融工程专业相遇了。

当时，金融工程专业刚刚在美国兴起。康奈尔大学在这个领域力量很强，有一批从事这个领域研究的知名教授。康奈尔大学的课堂学习让我看见了金融工程这个学科的未来，于是，我便萌生了要将这个专业学好并带回中国的想法。

但是，接下来的课程学习，我便遇到困难了。一个很大的障碍就是数学。我是中国恢复高考后的武汉大学七九级经济系的本科生。尽管当时我进入了中国大学最好的经济系，但由于历史原因，造成我们当时的经济学课程体系中数学训练严重不足。我们由于经历了高考，初等数学还有一定的基础，高等数学简直就是空白。“数学分析”“线性代数”和“概率”这三门课程都没有系统学下来。更不用说随机过程和微分方程这些更高深的数学知识了。

怎么办？退却吧，可心不甘。前进吧，困难重重，最后我横下心，决心攻克这道难关。

正在这个时候，有一件事情帮了我的大忙。美国有一个教会希望我能在周末参加他们的相关活动。因为在他们看来，我们这些中国学者由于没有宗教背景，所以一定需要他们这些有背景的教徒来对我们进行灵魂上的“救赎”。我想了想，便向他们提出了一个请求：这个给我传道的教士能否是一个具有高等数学背景的知识分子？希望他每次给我讲解《圣经》之后，便抽点空回答一下我的数学问题。

没想到，他们居然很爽快地答应了。很快，他们给我派来了一个符合这个条件的人。这个人就是康奈尔统计学系原系主任。他是一个台湾人，名字叫作黄文析。他在美国大学毕业以后，一直留在美国教书，每天周六的上午他都雷打不动地来到我的住所，用英文给我耐心地讲解《圣经》，讲完了，耐心地回答我提出的数学问题。

有一回，漫天飞雪。我看见他的身影依旧出现在林间小路上，就像往常一样，面带着微笑向我走来！我真的被他的精神感动了，泪水都要流出来了！

康奈尔大学的这一段经历，使我的数学有了很大的长进。

在我快要回国的一个晚上，我坐在案前，终于弄懂了期权公式的数学推导！这一夜，我激动了，完全没有办法入睡，太高兴了！

在出国之前，我一直在武汉大学讲授“国际金融”这门课程。每次当我讲到外汇市场中的外汇期权交易时，我就有一个心结解不开。我不敢去碰期权定价公式的数学推导。因为这种推导，远远高出了我当时的数学水平！这件事在我出国到康奈尔大学之前，一直在折磨着我。我非常害怕学生在课堂上向我提出这样一个问题：“叶老师，外汇期权定价公式如何推导？”我没有办法回答他们。

这下子可好了，当我再回到武汉大学，再回到我们的课堂上，如果学生们再问我这个问题时，我就可以给他们侃侃而谈了，这个折磨了我多年的心结就这样被解开了。

一年的出国学习结束后，我告别了康奈尔大学，告别了教我《圣经》和数学的那个教授，踏上了回国的道路。我向我的珞珈山报到了：珞珈山，我又回来了！

我在珞珈山，第一次开出“金融工程”这一门课程，并且大胆地在课堂上讲解期权定价公式及其推导。讲完这些内容，我接着给他们讲我在国外的这段经历，最后告诉他们一个道理：数学并不可怕！

叶永刚

2022 年 10 月 20 日

于珞珈山

期权定价公式与商业秘密

2004年，我第二次到美国。我这次是要到佐治亚州立大学进一步学习金融工程。

我第一次到美国，最大的收获是接触到了当时刚刚在美国兴起的金融工程学科。一年后，我回到我们的母校，继续在珞珈山从事教学和科研工作，并且第一次在武汉大学开设了“金融工程”课程。

到2004年我又有机会出国进修了。我这次选择佐治亚州立大学，潜心在那里深造。这次我恰好碰上了美国学者内福斯的《金融工程原理》刚刚出版。每天从州立大学回到我的住所，我就捧读这本厚厚的专业书籍。

很快，我在这本书中便有了不同以往的收获。

如果说我第一次出国到康奈尔大学，其最大的收获就是懂得了期权定价公式和数学推导，那么这一次我到佐治亚州立大学，我的最大收获就是明白了一个更深刻的道理。原来，期权定价公式并不只是一种数学推导，它真正的奥妙就是一种在金融市场上如何获利的商业秘密。

内福斯的这本教材写得太好了，由于他在纽约大学教书，他所面对的是一群在国际金融中心的世界级学员，他在如何教好这些大学生的问题上做出了巨大的贡献。这是我们见过的第一本将金融经济学、数学和金融实务熔为一炉的教材。

我在他的这本书中，不仅看到了金融经济学的解释，看到了数学公式背后的经济含义，而且看到了这些数学公式在金融市场上的应用。特别是对期权定价公式的讲解，他完全站在一个做市商和交易员的角度来进行分析，让我看清了这些数学公式的本质。

这时我恍然大悟了。原来在所有的衍生金融工具中，期权是最核心的工具；原来期权交易的所有内容中，期权定价是最核心的部分。原来在期权定价内容中，理解的困难并非在于数学推导，而在于这些推导公式背后深藏不露的经济学含义，这种经济学含义就是交易者在金融市场上如何控制风险以达到盈利目的的整个交易过程！

因此，我第二次从美国回到武汉大学时，站在珞珈山的课堂上，大声地告诉同学们：“同学们，你们知道吗？期权定价公式不仅是一种数学推导过程，而且是一种商业秘密。谁要是掌握了它，谁就掌握了一种创造财富的艺术！”

所有的同学都瞪大眼睛，急着听我讲授后面的内容……

叶永刚

2022 年 10 月 20 日

于珞珈山

为什么说期权定价公式是一种商业秘密

在期权交易的课程内容中，我准备重点讲授期权定价理论。期权定价的核心内容是期权定价公式，该公式也叫布莱克-舒尔茨模型，也有的教科书和相关文献上称之为布莱克-舒尔茨-默顿模型。后来，在评选诺贝尔经济学奖时，因布莱克已经过世，所以该奖项颁给了默顿和舒尔茨。

我想给学生讲清楚的第二个问题是，为什么诺贝尔经济学奖会颁给期权定价公式的贡献者呢？

那一定是因为期权定价公式在该领域做出了重要的贡献。如果我们再进一步深问，什么重大贡献呢？

首先，大家想到的一定是理论贡献。当然，在经济学理论中，它解决了期权定价问题。由于这个问题的解决，期权交易在价格的确定上便有了一个大家公认的理论依据。其实，期权交易的实践走在了理论的前面，甚至期权交易在这篇文章发表之前就成立了。但是，其定价问题一直未能得到很好解决，直到布莱克和舒尔茨合写的论文发表，人们才对此恍然大悟。

但是，该公式的出现不仅是一个理论问题，而且是一个实践问题，它大大推动了全球期权市场的设立和发展。在金融市场上涌现出期权市场之后，这个市场就使金融市场几乎成为一个完全的市场。期权市场不仅自身在充分显示着自己的交易功能，而且期权交易几乎可能和金融市场上的任何其他工具进行排列组合而形成各种各样的结构性产品，以满足市场上各种各样的交易产品需求。因此，我们可以说，正是由于该公式的出现，全球的金融市场得到了进一步的蓬勃发展。

然而，我要告诉同学们的不仅是这些，还有一个重要的奥妙："期权定价公式也是一种重要的商业秘密，谁掌握了它，谁就掌握了一种创造财富的艺术！"

为什么这么说呢？

2004 年我第二次到美国进行学习时，在那里读到美国人写的一本书，那本书有一个标题好像是《我与诺贝尔奖失之交臂》。他在书中说到，他在哥伦比亚大学读完物理学博士课程并拿下学位之后，由于当时金融危机，在大学找不到教书的工作，最后到华尔街金融机构打工了。

由于他在学校受到良好的物理学和数学方面的训练，因此，在金融交易过程中他很快发现，原来金融市场的价格变化和物理学中的热学分子的变化一样，都是一种随机过程，都可以运用随机微积分方程来处理。于是，他就找到了一种如何运用这种原理，在控制风险的前提下，通过融资来赚钱的方式。他认为这种方式就是后来人们看到的布莱克-舒尔茨模型。

但是他感到非常遗憾的是，他当时极想将这个模型在公开杂志上发表，但他的老板不同意，告诉他这是商业秘密，不能公开发表。因此，他认为正是这个原因，他失掉了成为诺贝尔奖真正得主的机会！

也许，他讲的故事是真实的吧。但是在学术领域，人们只认第一，不认第二，而且这个第一很大程度上就是一个标准。看谁最先公开发表！谁让他没有第一时间公开发表呢，要怨，他就只能怨他的老板了。

这个故事也从另一方面印证了这个定价公式的重要性，要不然谁还会争这个公式的发明权呢？

还是言归正传吧！为什么说它是一种商业秘密呢？我们的金融工程师是如何运用这种商业秘密的呢？

我们的金融工程师往往是以一种做市商面目出现的，从字面上看，做市商就是一种制造市场的人，当市场交易清淡不活跃即很少有人买卖时，我们的做市商扮演的角色就是"一礼全收"的人，他采用双报价方式，对任何买方来说他就是卖方，对任何卖方来说他就是买方。这样他就成为市场上的一种托儿，把整个市场托起来了。

还是拿我们的茶杯期权交易来说吧，市场上既有茶杯现货交易，也有茶杯期权交易。假定我们的做市商首先买入一个茶杯看涨期权，他便成为一个茶杯看涨期权的多头交易者。

由于他做了这笔多头看涨期权交易，他便承受了期权价格风险，如果该期权价格上涨，他便赚，否则他就亏。简单地说，这就是他在用期权交易投机！

我们说过，金融工程这门学问的培养目标是要培养金融工程师，而不是赌徒。金融工程要做的是保值和套利交易，而不是去做这种投机交易。

做市商如何对自己的茶杯期权看涨交易进行保值呢？

如果这时市场上出现了一个茶杯看涨期权的买方，这个问题就很好处理了。我们的做市商将持有的茶杯看涨期权卖出并赚取差价，这就是一个很完美的结局了。

如果我们的做市商持有的茶杯看涨期权，在期权市场上卖不掉呢？这不就依然存在价格风险吗？

他可以通过现货茶杯市场来对冲这种风险。他先借入一个茶杯在现货市场上卖掉，将卖掉茶杯所得存入银行，期待着现货市场上价格下跌，再将茶杯买回来，从而赚取差价，这不就是我们所讲的茶杯现货空头交易吗？

我们的做市商将这种茶杯现货空头交易与茶杯期权多头交易套做，就可以让自己在买入的期权还未卖出之前，防范价格风险，以使自己立于不败之地。

因此，无论此时茶杯价格上行还是下跌，做市商都可以不担心出现损失了。茶杯价格如果上涨，现货空头出现损失，但茶杯看涨期权多头交易就有收益，二者可以相互抵消。如果茶杯价格下跌呢？现货空头可以得到收益，期权多头则会损失，二者又可以相互抵消，这不就可以“任凭风浪起，稳坐钓鱼台”了吗？

一旦市场上出现了茶杯期权的买卖，做市商的期权多头交易就可以出手而赚取差价了，这时他所复制出来的茶杯空头交易，也就随时平仓脱手了。

为什么做市商可以将期权市场与现货市场套做而达到保值赚取差价的结果呢？

这就是要大家注意到茶杯现货与茶杯期权之间的关系。这两种金融工具有一种叫作“风险同源”的关系。茶杯市场的现货价格变化不仅影响到茶杯现货，而且影响到茶杯期权。并且，这种茶杯的现货价格变化对这两种金融工具的影响在其方向上是具有一致性的，即现货价格上涨时，期权价格也上涨，现货价格下降时，期权价格也下降。正因如此，我们就可以将这两种金融工具反向套做了！

然而细心的同学在这时一定会想到一个新的问题。这是反向套做，能够做到“完全”消除风险吗？这种风险影响在方向上有一致性，但在数量上也能做到一致性吗？这就要看这种现货价格变化对两种工具的影响程度了。

学过高等数学的同学都知道，从数学上讲，这就是一个偏导数的问题，有了这个偏导数，就可以根据这个偏导数来确定两种金融工具套做的数量之比，这就可以做到“完全”保值了。

讲完了这些之后，我还会像以前任何一个部分的课程内容一样，向各位同学强调，如何“一手抓三条鱼”！

首先我们的做市商在做期权交易时，他必须向他的交易方报出一个价格来，他如何报这个价位呢？这就是期权定价问题。

如果对他来说，市场上有买入该期权的交易方。他的价格很容易确定，低价买入，高价卖出，能够赚，有差价即可。

如果市场上暂时还找不到期权的交易对方呢？他就得更好地考虑这笔期权的买入价格了，就会考虑到如何运用现货交易和资金借贷交易的结合来复制这笔期权交易了。这种可能复制出来的投资组合的成本，就构成了做市商做成这笔期权交易的理论价格。这种理论价位就是无套利价位。而在做市商实际报价时，就是根据这种理论价格，并加上适当的利润来确定对方可以接受的价格。

这不就是我们的"第一条鱼理论"，即我们的"无套利分析法"吗？我们再来看"第二条鱼理论"，即"积木分析法"。当做市商在复制期权交易时，他运用了茶杯现货和货币借贷这两种工具，这不就是两种"积木"吗？这不就是"积木分析法"了吗？

我们再来看"第三条鱼理论"。做市商在持有期权期间，反向做了一笔现货交易，并且可以根据市场上的价格变化不断调整这种现货数量的比例，以做到尽可能"完全"保值。这不就是一种"保值"方法吗？在金融实务界，人们将这种方法称为"动态保值法"，这不就是我们的"金融风险分析法"吗？

我们在金融工程套利图中所讲的"A 点论""B 点论"和"C 点论"，在这里又一次得到了完全的体现，它们一起在这里上演了"黄河大合唱"。

最后强调一点。做市商报价的过程就是计算成本收益的过程，这种计算运用到了数学中的导数、偏导数、随机微分方程等数学内容。解出这个随机微分方程，也就确定了报价的理论价格，也就可以精确计算成本收益。更详细的解释大家可以在任何一本金融工程的教科书中找到。

我说完这些话，大家该觉得数学有用了吧，数学能学懂了吧！

有人说过数学像音乐一样美妙，但这两种美妙也有区别。音乐的美妙可以雅俗共赏，而数学的美妙只有学过数学的人才能真正理解它的美妙之处！为了更好地欣赏数学在金融工程中的美妙之处，我们不妨多学一点数学吧！

叶永刚

2022 年 10 月 20

于珞珈山

茶杯交易与期权平价公式

当我在课堂上讲到期权交易这部分内容时，我总想告诉同学们，期权不仅是所有衍生金融工具中最重要的，而且是最复杂的。

之所以说它重要和复杂，是因为期权工具不仅可以在金融市场上发挥其独特的作用，而且可以与所有其他工具进行排列和组合，形成千姿百态的工具。在金融工程整个理论体系中，期权问题弄清楚了，整个金融工程的重点和难点也就弄懂了。

在期权工具的分析中，期权定价又是关键。期权定价要讲清楚两大关系：一是期权定价公式；二是期权平价公式。弄懂这两个公式，也就弄懂了期权定价的关键内容。

我们在前面的课程分析中已经告诉大家，期权公式不仅是一种数学公式，而且是一种商业秘密。我们的看涨期权和看跌期权公式，或者称为看涨看跌期权的平价关系，不也是这样的吗？

如果说期权定价公式主要涉及的是期权与现货之间的关系，那么看涨看跌期权公式则是该公式的进一步提升，它所涉及的既包括看涨期权与看跌期权的关系，也涉及期权市场与现货市场的关系。更准确地说，它涉及“现货+看涨期权+看跌期权+货币市场”这四种交易之间的平衡关系。

因此，当我们在课堂上用茶杯交易来分析这种“看涨看跌期权平价关系”时，我们一定要讲清四大关系，而不只是两种关系。这就涉及茶杯现货交易、茶杯看涨期权交易、茶杯看跌期权交易和货币市场交易了。

我们以欧式期权平价公式为例吧！

$$C+XE-R\ (T-t)\ =P+S$$

这个公式讲的是什么呢？

首先弄清楚几个符号在说什么。C 是看涨期权价格，$XE-R\ (T-t)$ 指的是货币市场上的价格，P 为看跌期权价格，S 则是现货市场价格。用我们的茶杯交易来说，C 为茶杯看涨期权，$XE-R\ (T-t)$ 为货币市场上的货币价格，P 为茶杯看跌期权价格，而 S 为茶杯现货价格。弄清了以上期权平价公式，也就弄清了茶杯交易相关的这四大市场之间的关系。

这种关系就是金融工程套利图中的"A 点论"。"B 点论"又在哪里呢？不是这种关系就可以套利了，套利的方式就是"B 点论"。

换一个角度来看，这四种工具中的任何一种都可以用其他三种工具来复制。拿"B 点论"来说，可将公式稍作调整：

$$C=P+S-XE-R(T-t)$$

这个公式告诉我们，看涨期权的多头交易可以通过"看跌期权的多头交易+现货多头交易+货币空头交易"来复制。这样得出来的是一个理论价格，即无套利价格。一旦看涨期权的价格与复制价格出现差别，金融工程师就马上可以通过这种复制方法来套利。这不就是我们的"B 点论"吗？对我们的金融工程师来说，公式左边的被复制工具与公式右边的复制工具是互相对冲的。这不就保值了吗？这不就是"C 点论"吗？

明白了茶杯期权平价关系，也就弄懂了所有金融市场上的平价关系，就可以在所有的金融市场上做到"一手抓三条鱼"。

我给大家讲清楚了期权定价公式和期权平价公式，大家就掌握了期权交易的基本原理，就有可能成为一个出色的金融工程师！

叶永刚

2022 年 10 月 26 日

于珞珈山

金融工具的混合运用与一笔外债汇率风险介绍

讲完现货工具和衍生工具的课程，我想给同学们讲一个这些工具结合运用的案例。

我从一笔外债的汇率风险管理讲起。

我记得有一次，我刚刚上完课，接到一个电话。

电话中的那个人告诉我："叶老师好！我们慕名找您，是想请您来参加一个我市举办的金融创新座谈会。"

我爽快地答应了："没问题！"

他接着说："叶老师，不好意思，时间特别紧，我们的领导要我跟您商量，希望您马上就能过来。"

我一看手表，已经是下午 4 点钟了。我皱了一下眉头，还是答应了。

没过多久，他们就从其驻汉办事处派了一辆公务车，将我接到当地一个山水环绕的小岛上，下榻酒店。

刚刚放下行李，接待我的领导就告诉我："叶老师，不瞒您说，我们是请您来帮忙的！"

我这才弄明白是怎么回事！

他们市里费好大的劲儿，才通过一家银行弄到了一笔日元贷款。该贷款用于本市一家企业的进口设备项目，其数额大、期限长，利率也不高。该项目对于推动当地经济发展举足轻重，市领导高度重视，最近组织专班，整出了可行性报告送银行总部报批。但未能通过，说汇率风险管理问题并未解决，需要重新评估。市领导急了，要他们尽快请到专家，切实解决这个难题！

我问他们，为什么之前没有跟我说明情况。他们再三道歉，说是担心我知道这个难题后不肯来。

这个题目的确很难！10多年的日元贷款，总金额与数亿元人民币等值。从当时的情况来看，日元兑人民币汇率总体上呈现上升趋势。这种人民币汇率风险的管理的确有困难。现在既然被他们请来了，也只好硬着头皮干下去了。说实在的，一开始我心里的确没底，后背简直有些发凉了。

吃完晚饭后，我召集他们开了一个调研会。参会者有当地银行负责该项目的领导、申请贷款的该企业的项目负责人和当地政府的分管领导。

我首先问他们："为什么你们报上去的方案会退回呢？"

他们说，他们在方案上对付汇率风险的措施都是从教科书上抄下来的，如远期交易、期货交易和各种保值条款等。上面说这些东西道理上讲讲还可以，但结合这笔贷款却讲不通了。

我很快知道了困难之所在。这是一笔长期贷款，而我国现行的日元兑人民币的远期交易根本派不上用场。日元兑美元可以做货币互换交易，但是日元互换成美元之后，日元的长期汇率风险就变成美元的长期汇率风险了。美元兑人民币这种长期汇率风险仍然从当前的金融市场上找不到有效的解决方法。

金融衍生市场工具难以奏效，那么金融现货工具是否可以呢？我们能否借入人民币兑换成日元存放于该银行呢？银行的领导否定了该方案，说人民币的利息高，而且该企业很难借到这笔巨大的金额。

看来，金融市场上很难找得到一种有效的解决办法了。

我们的目光转到生产领域。我了解到该企业是一家生产出口服装的企业，其生产的服装正好出口到日本，这个消息使我眼前一亮！我们为什么不将应收款和应付款结合起来呢。这在我们的外汇风险管理技巧上叫作配平法！我们需要付出的是日元应付款，而我们企业收到的正是日元应收款。这两种现金流量搭配在一起正好起到一种保值作用！

我把这种想法告诉大家，所有的人听后都乐开了花。大家马上请来了该企业的董事长。董事长一听，马上拍板："没问题，我们专门成立一个子公司，将出口车间和日元贷款的专门部门放在一起，并以这家子公司来融入这笔日元贷款！"这叫什么方法？这叫作"结构法"！一个工具不够用，就将多个工具捆绑在一起。衍生工具不够用，就将现货工具捆绑在一起。金融市场上的工具不够用，就将企业内部的经营活动捆绑在一起！

通过这个案例，我告诉同学们，我们学习"金融工程"这门课程，不仅要弄懂基本原理和主要金融工具，还要理论联系实际，并在实践中学会灵活运用！

讲完这些内容之后，我告诉同学们一个消息。第二天上午我们根据前一天晚上讨论的结果，整理成一个新的可行性报告。没过多久，他们告诉我：这个新的报告被上级银行批准了！

叶永刚

2022 年 10 月 26 日

于珞珈山

如果你成为一个银行的客户经理

讲完金融工程的“理论”，可以讲一讲这部分课程内容在时间上的应用了。

有一次，我到一家银行给个人客户经理们做了一场报告。我记得那次报告的题目为《金融工程及其在商业银行的应用》。

在报告中，我讲到了一个案例。

有一年，中国银行深圳分行为吸收客户的外币存款，他们开办了一种叫作“期权宝”的业务。

这是一种将期权交易与存款交易相结合的一种结构性产品。比如说，你有一笔外币存款，可以存活期，也可以存定期。假定活期存款的年化利率为1%，而定期存款的年化利率为3%。银行现在吸收你的这笔余额为定期存款，但只给你活期利息，然后将定期与活期中的利息差额，即2%拿来购买期权。如果估计该外币的汇率要升值，可以买入看涨期权。如果估计会贬值，则买入看跌期权。看对了，对客户而言，除赚取固定收入的活期利息之外，还有一笔期权收益。看错了，即使期权费全部损失了，也还有一笔活期利息收入。

这种“积木分析法”配置出来的产品，成为一种保本分红的金融工具。

接下来，该银行的这款产品很快就占领了当地的外币存款市场。

这个报告告诉我们，当一个客户经理学会了金融工程并掌握了各种现货工具和衍生金融工具的特点之后，他就可以像老中医给患者治病一样，根据不同“患者”的病情，从“工具箱”拿出各种“工具”来组合成各种“处方”，有针对性地去解决各种金融财务问题。

叶永刚

2022年10月31日

于珞珈山

写在“工具论”课程结束时

“工具论”的课程就要上完了。

我想在这里对同学们再做一点小结吧。

我在开学时的概论中曾经告诉过同学们，金融工程是一门研究如何念好“三字经”的学问，这“三字经”就是“借、还、赚”。这“三字经”与一个字紧密相连，那就是“钱”字。通俗地讲，金融工程就是研究“钱”与经济的关系。经济的代名词是“GDP”即国内生产总值，更具体地说，金融工程就是要琢磨如何用“钱”去创造“GDP”。

如何念好“三字经”呢？这是金融工程的基本原理决定的。我们用金融工程套利图分析了这种原理，并且形象地称之为“一手抓三条鱼”。

接下来，我们要求大家在课程的每一部分内容中，都要一以贯之做到这一点。

在“工具论”部分，我们主要讲到现货工具和衍生工具。无论现货工具还是衍生工具，都要弄懂定价问题。定价就是无套利分析，就是“A 点论”，就是抓住“第一条鱼”了。无套利价格只是一种理论价格，现实价格与理论价格往往是有差别的，这种差别就是套利机会。这种套利的过程所运用的就是积木分析法，就是“B 点论”，就是抓住“第二条鱼”了。套利的过程就是赚取理论价格与现实价格的差别。这种差别也就是复制工具价格与被复制价格之间的差别。套利的过程也就是将复制的工具和被复制工具进行对冲交易。对冲交易是可以防范风险的。这就是金融风险分析法，就是“C 点论”。

“三条鱼”在“工具论”中不就全被我们抓住了吗？

大家走上工作岗位的那一天，不就可以去实现自己的梦想，成为出色的交易员、精明的风险分析师和开拓型的客户经理了吗？

叶永刚

2022 年 10 月 27 日

于珞珈山

第六章 06

课程导论之五：“公司论”

关于"公司论"

——珞珈山课堂随想之六

从"工具论"到"公司论"，这是金融工程的一个飞跃。因为"工具论"主要培养的是交易员和客户经理，而"公司论"培养的则是公司的财务主管和企业家。生产企业是企业，金融机构也是企业，因此，"公司论"学好了，就可以为金融家和企业家的成长奠定一个坚实的理论基础。

"工具论"是"公司论"的基础。在"公司论"中，我们将公司也看作工具，如此一来，"工具论"的所有理论分析便与"公司论"的理论分析相一致了。

工具是一种资产。我们理论分析的重点是资产定价。公司有了资产负债表。公司资产也是一种资产，公司的分析也可以立足于资产定价分析。

在"公司论"中，我们可以将资产负债表中的净值看作一种看涨期权，将资产看作标的资产，将负债看作一种行权价格。于是"工具论"中的期权定价理论便可以在"公司论"的分析中充分发挥自己的作用。

会计学中的资产负债表是一种历史价值的资产负债表。我们有了应用于"公司论"的期权定价理论，就可以将历史价值的资产负债表变为市场价值的资产负债表。这就为我们的适时风险管理做好了铺垫，我们的历史价值资产负债表便形成了一种或有权益资产负债表。

当我们在分析"工具论"时，是在将这种工具的资产收益率与金融市场上的无风险利率进行比较，以找到其无套利的收益率，从而抓住工具定价的"牛鼻子"。同样，我们有了"公司论"的资产负债表，就可以像"工具论"一样，找到公司资产的收益率，并将其与金融市场上的无风险利率进行比较，我们不就同样抓住了资产定价的"牛鼻子"吗？

"工具论"和"公司论"，"两论"的一致性不就被我们找到了吗？

想起唐朝诗人王勃在《滕王阁序》中的诗句了吧。“落霞与孤鹜齐飞，秋水共长天一色”，可不是吗？

叶永刚
2024 年 1 月 2 日
于珞珈山

"公司论"与金融工程套利图

讲完了"概论"和"工具论"，我们就要走进"公司论"的课堂了。

我在上课之前，翻看了一下我们所使用的武汉大学出版社出版的教材。这是我带领着武汉大学的老师们在我的教学生涯中出版的第一本《金融工程概论》教材。这本教材从1999年出版到现在，已经有了第三版。

第三版和前面两版相比，在结构上做了较大的创新和调整。第一版主要是"工具论"，第二版加进了"公司论"，第三版又加进了"政府论"。

无论是"工具论""公司论"，还是"政府论"，都可以称为"资产论"。因为我们将它们全都看成一种"资产"。我们的研究对象是资产，我们的核心研究内容是资产定价。

我们的资产定价研究是和金融创新、金融风险管理研究密切联系的。这就是我们的金融工程套利图，这就是我们的"一手抓三条鱼"的"三条鱼理论"。

因此，当我们带领着我们的学生走进"公司论"的课程内容中的时候，无非就是要让学生们学会在这些课程内容中深切体会如何运用金融工程的原理和方法，去紧紧地抓住这"三条鱼"。

我再一次翻开我们的第三版教材。在这本教材中，我们的"公司论"的篇目并不直接称为"公司篇"，而是叫作"金融风险篇"。看来，再一次再版时，我们还需要将其内容进行修订和补充了。不能只"抓一条鱼"，即"金融风险分析法"这条"鱼"了，还需要抓其他两条"鱼"，即"无套利分析法"和"积木分析法"这两条"鱼"。

那么，我们在"公司论"中到底应该如何去抓"三条鱼"呢？

别忘了我们的金融工程套利图（图1）。

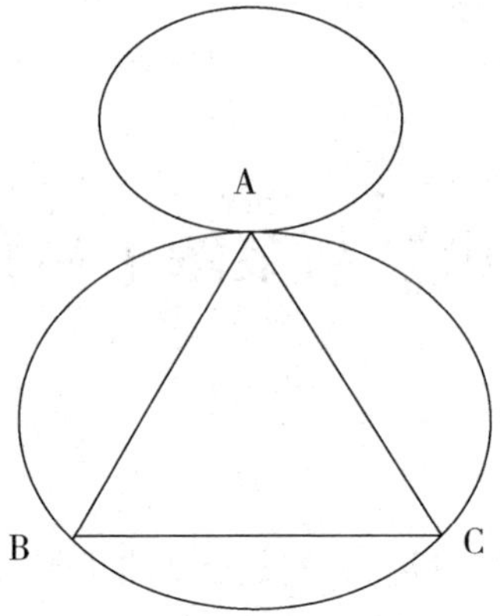

图1　金融工程套利图

该图首先体现的是“一点论”，即我们用上面的圆表示公司的经济目标，下面的圆表示实现目标的手段。因此，我们的“公司论”首先要体现的是公司战略目标论。

其次，该图也体现了“两点论”。金融工程的基本概念要求我们将目的与手段相结合。我们公司的目的是利润，而我们公司的手段在这里仍然指的是金融。金融在这里就使我们有了“两点论”。

最后，我们在图中体现的“三点论”就是“A点论”“B点论”和“C点论”。

在我们的“A点论”中，我们可以怎样来分析公司这个“资产”呢?

公司有两张财务报表，一张叫资产负债表，另一张叫作损益表。损益表可以体现我们的“一点论”，我们的目标就是损益表中的利润，两张表合起来看就是“两点论”，资产负债表中可以找到我们所需的金融手段。而有了资产负债表，我们就可以从公司这个“大资产”中找出我们的“A点论”“B点论”和“C点论”。

从公司的资产负债表上，我们可以找出一个称为资产收益率的指标来。我们可将它作为这种资产的“价格”。

这种资产所体现的理论价格在哪里呢?

这就需要我们的“无套利分析法”了。这种理论价格需要与金融市场上的融资成本进行比较。我们的融资成本一般用“无风险利率”这一指标来表达。

资产收益率与无风险利率相等的这一点就是平衡点，也就是我们的A点。只要我们的资产收益率超过这一点，我们的资产就有利可图。否则，我们的公司就要亏损了，这不就是我们的"A 点论"吗?

当资产收益率与无风险利率不一致时，这里不就存在无套利机会了吗? 我们不就可以通过各种金融手段来寻找这些套利机会了吗? 这就是我们的"B 点论"。

在分析资产理论价格时，我们还会在无风险利率上再加上一个风险溢价。这不就是我们可以在控制风险的前提下，提高我们的收益率吗? 这不就是我们的"C 点论"吗?

我们的"公司论"和"工具论"就这样如此完美地统一在资产定价这个基本理论框架上了。我们的同学们就可以一起走到"公司论"这个"鱼池子"中间去抓住"三条鱼"了!

叶永刚

2022 年 10 月 27 日

于珞珈山

公司也可以看作一种工具

从“工具论”到“公司论”，看起来我们已经走进了一个新的领域。但是，我们依然可以将公司作为一种工具，并运用我们在“工具论”中的方法论来分析我们的公司。

我们是如何做到的呢？

在工具部分，我们讲到一种最核心的工具，那就是期权，并且我们将期权划分为看涨期权和看跌期权。前者指买进某种资产的权利，后者指卖出某种资产的权利。

在公司部分，我们讲到公司资产负债表。该表有一种平衡关系，即“资产=权益+负债”，这种公式也可以写成“权益=资产-负债”。

在证券市场上，公司的这种权益可以表现为该公司的股票价格。

我们可以将整个公司看作一个看涨期权，股票价格即该“看涨期权的价格”。资产的价格可以看作一种“现货价格”，而负债则可以看作一种“协定价格”。

这样一来，我们就可以运用期权定价公式，来测算该资产的市场价值及其风险值了。

还记得我们的期权定价公式吗？

$$C=S\times N\ (d1)\ -K\times e\text{\^{}}\ (-r\times T)\ \times N\ (d2)$$

在这里，C 为看涨期权价值，S 为现货价格，L 为协定价格，或称之为行权价格。

从该公式可以看出，一旦我们有了证券市场上的“C”，并且“L”项是已知的，我们就可以反推出“S”的市场价值。在公司资产负债表中，我们的负债项可以看作一种“看跌期权”。这是因为当公司资不抵债而面临破产时，其有限责任性质可使股东免于承担无限责任，从而公司会“行权”而选择破产。这样一来，我们就可以计算出公司负债的市场价值，即“负债-看跌期权”。

有了市场价值的资产和市场价值的负债，我们就可以得到市场价值的资产负债表。我们将这种市场价值的资产负债表称为或有权益资产负债。

根据这种或有权益资产负债表，就可以对该公司的资产价格变动风险进行实时监测和控制。

叶永刚

2022 年 10 月 29 日

于珞珈山

“公司论”与商品价格风险管理

在“公司论”中，我们首先得让学生掌握“A 点论”，即我们所讲到的“无套利分析法”。

由于公司具有资产负债表，而且这个资产可以计算出资产收益率，还可以将这种资产收益率与无风险利率进行比较，这就有了无套利的资产收益率。因此，我们的“A 点论”就在这里得到完美的体现。

一旦资产收益率与无风险利率有偏差时，这就是套利机会了。所有的融资手段都可以在这个过程中寻找自己的盈利机会。这就是“公司论”中的“B 点论”。

我们在这里要向同学们介绍“C 点论”。在“C 点论”中我们要使用的是“金融风险分析法”。在这里，我们不仅要识别和测算金融风险，而且更重要的是管理风险。

在“公司论”中，我们一般将风险划分为商品价格风险、汇率风险、利率风险、操作风险等。

公司在其生产经营活动中，往往首先面对的是商品价格风险。这种商品价格风险一般体现在其产品的生产成本和销售价格上。这些风险都可以运用我们前面在“工具论”中所讲到的，各种现货工具和衍生工具来进行管理和防范。

2022 年 9 月，我们曾经到广西壮族自治区的北海市进行金融工程方面的调研。

在一次座谈会中，当地的一家渔业公司告诉我们，他们的企业面临着海鲜价格波动的风险，这种风险使他们难以得到银行的借款。这里的海鲜价格波动就是我们所讲的“商品价格风险”。

在这次座谈会上，除企业之外，还有保险公司和银行等金融机构参加。

我问其中一家保险公司，“你们能否对渔业公司的这种价格风险保险？”

该保险公司的经理对大家说：“没问题。我们目前正在开办一种商品价格指数保险。这种保险可以将渔业的海鲜价格锁定在一定的价格水平，如果他们的售价低于这种水平，我们保险公司就会对这种差价进行赔偿。"

这种保险公司的价格保险其实就是一种期权交易，相当于保险公司卖给了渔业公司一种看跌期权。当价格低于这种协定价格时，渔业公司便可按协定价格行权，从而获取这种差价。

购买期权是要付出一笔期权费的。保险公司将这种费用称为保险费。

我又问这家保险公司经理："谁付这笔保险费呢?"

保险公司经理对我们说："地方政府、企业和我们保险公司共同承担吧!"

故事讲到这里，我们的同学们就可以看到，有了这种类似于期权交易的价格保险，我们渔业公司的价格风险就可以有效进行防范。我们的渔业可以这样做，我们的其他养殖业、种植业不都可以这样做吗？我们的农业可以这样做，我们的其他产业不也可以这样做吗？

我们的产业发展有福了！

叶永刚

2022 年 10 月 31 日

于珞珈山

“公司论”与外汇风险管理

公司在生产经营活动中，不仅要面对商品价格风险，有时还会面对汇率波动的风险。这种风险不仅会给企业造成损失，甚至有时还会带来灭顶之灾。

过去，我们武汉人在夏天经常喝一种啤酒，它的牌子叫作“中德啤酒”。这是我们当地的一家中德合资企业。大家都很喜欢这种品牌，并且它的销售一直不错。

后来大家喝着喝着，发现这家中德企业不见了。这家工厂不再叫作中德啤酒厂，而是叫作百威啤酒厂了。原来它被美国一家公司并购。人们喝的中德啤酒变成百威啤酒了。

为什么这家公司在武汉被并购呢？我们后来在一家银行了解到这家企业并购的真正原因。

其实，这种啤酒过去在武汉市场销售情况一直不错。问题就出在汇率风险上了。

该企业投产时，使用的设备都是从德国进口的。因此，他们向银行申请了大笔德国马克的贷款。后来，德国马克兑人民币的汇率一路上升，不仅吃掉了该企业的销售收入，而且吃掉了该企业的老本！最后不得不由美国公司并购。

我们在银行向有关人员请教：“这种汇率风险是否可以防范呢？”

该行的风险管理人员告诉我们：“其实防范这种风险的办法并不少。比如说，我们可以通过当时使用马克兑人民币的远期汇率来避险，还可以通过啤酒的出口换取德国马克来配平这种风险。还可以借入人民币在即期汇率市场上购买德国马克来支付这笔外债。这样一来，该公司所要支付的就是人民币债务，而不是德国马克了。”

为什么我们过去就没有做到这一点呢？

银行的管理人员告诉我们，因为过去我们刚刚改革开放，我们的企业财务人员缺少国际金融风险管理的相关知识。他们只看见了人民币的销售收入，而没有看清外币借款的风险。后来他们发现了这些风险给他们造成的损失，但这些损失已经无法挽回了！

这就是公司的外汇风险。中德啤酒的故事给我们上了极其深刻的一课！

叶永刚

2022 年 11 月 30 日

于珞珈山

“公司论”与信用风险管理

在“公司论”中，我们的“C点论”还需继续进行！

我们分析了商品价格风险、汇率风险，我们再来分析公司面临的信用风险。

我们曾经调研了武汉市一家食品公司。该公司从事农产品深加工产业。在公司兴旺时，其销售额曾经达到3亿元以上，并且公司的品牌也成为全国驰名商标。但是，该企业后来由于经营不善而做垮了。

他们的问题出在信贷上。筹资几乎全是银行借款。后来经营的收入赶不上利率的上涨。终于有一天，企业还不上银行的利息。一家银行的利息还不上了，所有的银行跟着不给贷款了。不仅不贷，而且所有银行都要抽回贷款了。一个曾经红红火火的企业就这样一下子轰然倒地！

这种风险有没有办法防范和控制呢？

这些年，我们在全国各地实施金融工程的过程中，对此逐步有了认识。

在中国的广大农村地区，我们的资本市场不发达，企业主要通过银行信贷来解决融资问题。当企业经营情况好时，各种利率风险还可以对付，一旦市场上有了风吹草动，企业经营出现困难了，这个问题就十分突出了。企业有钱得还钱，企业无钱也得还钱。一笔还不了，企业接下来就垮掉了。很多企业的命运就像武汉市的那个食品公司一样，很快就资不抵债，面临破产了。

无数企业就是这样倒下去而很难再爬起来了。后来我们针对县域经济中存在的这种普遍现象，采取一种称为企业股份制改造的措施。这样一来，企业的融资结构发生了很大变化。在企业的融资结构中，它们不仅有债权，而且有了股权。显然这种融资结构使企业的抗风险能力大大增强了。过去只有间接融资，企业的信用风险增大。现在有了一部分股权融资，这种融资加强了企业的抗风险能力，因为当企业没有盈利时，这种融资是无须支付利息的。

由此可见，融资结构的调整也可以成为公司对付信用风险的一种有效武器！

叶永刚

2022 年 11 月 30 日

于珞珈山

如果让我给银行的公司客户经理上课

有一次，我在课堂上讲完了“公司论”的相关内容。

接下来，我告诉大家，如果我们学好了“方法论”“工具论”和“公司论”，我们就可以在银行里成为一个出色的公司客户经理了。

同学们问我：“叶老师，公司客户经理是干什么的呀?”

我告诉他们：“那是银行公司业务部门专门开拓公司业务的工作人员!”

同学们又问我：“为什么说学好‘方法论’‘工具论’和‘公司论’，就可以成为一个出色的公司客户经理呢？如果我们成为公司客户经理，叶老师您怎么给我们再讲一课呢?”

是啊，如果面对银行的公司客户经理，我能不能也讲一课，并且讲好这一课呢?

我对同学们说：“那我就给你们讲‘金融工程在银行公司客户经理业务拓展中的应用’吧。”

我想给这些“客户经理”讲一个案例。

有一次，一个客户经理到一家经营跨国业务的公司访谈。该公司正准备筹集一笔资金用于公司发展。于是，公司财务人员正好就此项目咨询该客户经理。

首先，该客户经理帮他们比较国内资金成本和国际资金成本，建议他们在境外筹措这笔资金。

其次，该客户经理将国外的各种主要外币的国际金融市场成本做了分析，建议他们采用美元融资。这是因为该公司的出口货物大都以美元计价。

再次，该客户经理同公司财务人员又讨论了美元的利率问题。客户经理告诉他们，这笔贷款可以用浮动利率，也可以用固定利率融资。客户经理考虑到今后美元利率有可能上升，因此建议该公司用固定利率。

从次，他们接下来讨论到了这笔资金的期限问题。客户经理考虑到该公司较为长期的资金需求，因此建议该公司可申请5~10年期的外币贷款。公司财务人员担心日后的利率风险和汇率风险。该客户经理告诉他们，日后如果利率和汇率有较大变化，银行可以帮他们开展利率互换和货币互换业务，以帮助他们防范和化解这些风险。

最后，该客户经理告诉公司财务人员，自己的银行在国际金融业务方面具有特色和优势，完全可以协助该公司做好以上各种产品和服务。

这次访谈结束之后，该客户经理成功说服了这家公司，很顺利争取到了该公司这笔融资业务。

我接下来告诉大家，该银行的客户经理之所以能够顺利争取到这笔业务，是因为他在金融工程方面具有很好的知识背景。他不仅熟悉银行业务，而且了解公司情况。无论是公司业务还是银行业务，他都掌握了"工具论"。并且，他还能将"方法论"出色地运用于"工具论"和"公司论"中。

他在这里既涉及了利率风险管理，又涉及了汇率风险管理，还有资本借贷的期限管理。他所运用的工具，既有现货工具，如不同货币的借贷，又有衍生工具，如利率互换、货币互换。

听了我的这些讲述，进一步提高了同学们学习金融工程的热情和信心，并且对银行的公司客户经理有了一个初步的了解和印象。

叶永刚

2022 年 10 月 30 日

于珞珈山

“公司论”与经济资本管理体系

“公司论”中如果要我找出一个最为精彩的部分，我想那就该是经济资本管理体系了。

我在课堂上，会反复向同学们强调这一点。

第一次接触这个概念是在美国。我于2004年第二次到美国，在佐治亚大学进修。当时美国的学术界刚刚出版了一本关于经济资本的新书。这本书很贵，记得当时的售价大概在100美元（723.1元人民币）左右。我还是咬牙掏腰包买了下来。半年的进修时间结束后，我将这本书带回了中国，并且给我的研究团队学习和讨论。同时，让博士研究生以该领域作为博士论文选题，攻读相关文献并写作。

不仅如此，我们还在浙江找了一家银行，根据经济资本的基本概念和原理，进行商业银行战略风险体系建设的深入研究。这种研究不仅加深了我们对经济资本管理体系在“公司论”中的认识，而且为我们后面的宏观金融工程研究奠定了一个坚实的基础。

在“公司论”中，我们前面有了无套利分析、积木分析和风险分析，在经济资本体系的分析中，这“三条鱼”被紧紧地捆绑在一起，形成了一个系统的战略风险管理体系。

在公司层面，以前一个重要的考核指标就是利润指标。后来，人们逐渐发现，仅将利润指标作为财务指标来考核是不够的，因为这种利润指标并未考虑风险因素。比如说，企业的投资或银行的信贷，尽管利润很高，但很可能风险很大，日后有可能造成更大损失。

于是，人们就整出了一个新的概念，叫作“调整风险后的收益率”。有了这个新概念，人们就可以在利润中剔除风险溢价部分。这就形成了我们的一个新概念，即“经济资本”。

经济资本是一种虚拟资本。人们在测度出了风险并计算出风险溢价后，就将这种对于风险的管理纳入了考核体系。经济资本是人们根据风险测度计算出的一种现实中并不存在的资本。人们认为，风险有可能给公司经营带来损失，这种损失一旦发生，最后是由公司的股本来承担的。这种有可能承担损失的股本就是人们在这里界定的经济资本。所有的资本是有成本的，经济资本的成本为社会必要成本。扣除了这种社会必要成本的利润才是最为真实的利润。人们将这种利润称为“经济增加值”。对经济增加值的考核才真正体现了金融工程一手抓“三条鱼”的理念。

经济增加值是扣除了经济资本的社会必要成本后的净利润，这是一个绝对值指标，而“调整风险后的收益率”则是一个相对数指标。将总资产乘以“调整风险后的收益率”不就是经济增加值吗？可见，这两个指标异曲同工，说的是一回事！

弄懂了经济资本就明白了经济增加值，明白了经济增加值，就掌握了战略目标管理体系。

这种战略目标管理体系的分析，能否与我们的金融工程套利图的分析有效对接起来呢？

我们还是来看金融工程套利图（图 1）吧。

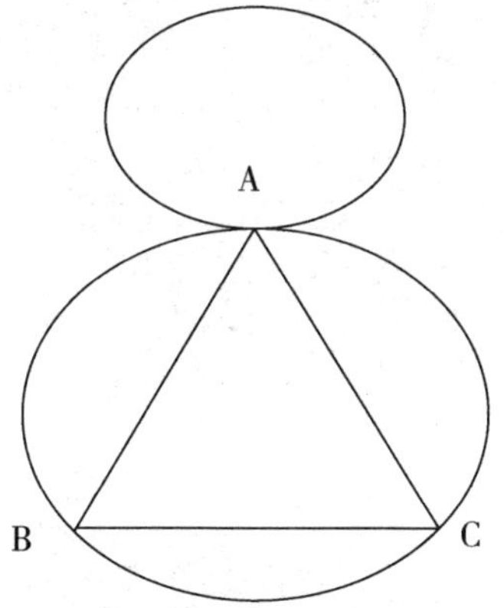

图 1　金融工程套利图

我们在这里重点分析一下“A 点论”吧。

在哲学中，我们将这一点称为“平衡点”；在经济学中，我们称为“均衡点”；在金融经济中，我们称为“无套利定价点”，即 B 点带来的收益与 C 点所带来的“两平点”。

金融工程的分析并没有停留在这种成本与收益“两平”的定价分析中，而是进一步挖掘“风险溢价”，它强调了成本分析中除一般成本之外还有风险成本。这种风险成本即“风险溢价”，只有考虑了“风险成本”的“两平”才是最为真实的“两平”。

如此一来，我们的“公司论”不就将“A 点论”“B 点论”和“C 点论”有机结合，从而构成了一个完整的公司战略管理体系吗？

讲到这里，我大声地告诉我们的同学们，学好了“公司论”不就可以将自己打造成为一个出色的企业家和金融家了吗？

叶永刚

2022 年 11 月 01 日

于珞珈山

"公司论"结束时的寄语

讲完了"公司论"的主要内容，该对同学们说一些小结性的话语了。

我在这里的主要愿望是，希望大家能够真正弄清楚金融工程如何在这里"一手抓三条鱼"。

公司也是一种"工具"，也是一种"资产"。资产收益率与无风险收益率的平衡关系构成了我们"公司论"中的"A 点论"。有了"A 点论"中的"商业模式"，便有了"B 点论"中的金融创新，便可以运用"积木分析法"来动员所有的金融工具和金融手段来融资。融资必然有风险，如何在控制风险的前提下融资呢？这就有了"C 点论"。

"公司论"中最为核心和精彩的内容是经济资本管理体系。这种体系将公司的"A 点论""B 点论"和"C 点论"融为一体，形成了一个系统的公司战略风险管理体系。

掌握了经济资本管理体系的主要内容，就为大家学习宏观金融工程奠定了一个坚实的基础，也为大家日后能将自己打造成为一个出色的企业家或金融家铺平了一条金光闪闪的道路……

叶永刚

2022 年 11 月 01 日

于珞珈山

第七章 07

课程导读之六：“政府论”（上）

走进"政府论"

走在珞珈山的小路上，往返于宿舍和教室之间，我常常想象自己就是一个出海的渔民。我正驾驶着一条渔船，划向一片金色的海洋。我的渔船划过的第一片海域，叫作"概论"，第二片海域称为"工具论"，第三片海域就是"公司论"。我们正划向第四片海域，这里叫作"政府论"。

我在每一片海域里都迎着东升的太阳，撒开自己的渔网。在每一次的捕捞中，我总在嘱咐自己："一网要有三条鱼，要有三条鱼！"

现在，我的渔船正划在第四片海域上。我同样在提醒自己："三条鱼，三条鱼呢！"

我于1996年在美国康奈尔大学第一次接触到金融工程这门学科，那时学到的金融工程基本上是"工具论"。2004年，我又一次到美国佐治亚州立大学进修。这一次，我重点在那儿学习"公司论"。1997年的国际金融危机和2007年的次贷危机，使我们看清了宏观金融工程的重要性，并且坚定了我们将宏微与微观打通研究的信心。

中国的金融工程学科从2002年开始，已经走过了二十多个年头了。我们从这个学科创设的第一天开始，就有一个清醒的认识，那就是中国的金融工程学科不仅要向别国学习，而且要坚持走自己的道路。这一条道路就是宏观与微观打通的道路。因为中国的金融是一个"大金融"的概念。它不仅包括微观金融，也包括宏观金融。

因此，我们坚定地认为中国的经济学走到哪里，中国的金融学就要走到哪里。中国的金融学走到哪里，中国的金融工程就要走到哪里。

国外的金融工程基本上是微观金融工程。这种宏观与微观的统一并没有现成的做法。我们的宏观金融工程应该如何将这二者结合起来并形成学科上的一致性呢？

我们想到了方法论。有了方法论上的一致性，也就有了学科上的一致性。

我们的方法论是无套利分析、积木分析和金融风险分析。我们将这三种分析方法的综合运用叫作“一手抓三条鱼”。我们在微观领域已经进行了深入的探讨。我们的渔船现在到达了“政府论”这片海域。我们如何在这里也做到“一手抓三条鱼”呢?

我们从宏观资产负债表入手。在这个世界上，美国人第一次将资产负债表方法用于宏观金融风险分析，让我们大开眼界。但是，我们并没有停留在那里，我们将宏观资产负债表不仅用于中国与全球的宏观金融风险分析，而且运用于宏观金融工程理论体系的构建。

我们有了宏观资产负债表，就可以拽住表中“资产”这个“牛鼻子”。我们就可以将微观的资产定价理论运用于宏观的资产定价领域。于是，在宏观领域，也可以像微观领域一样，将我们的资产定价理论进行到底。

在中国宏观金融工程体系的构建中，我们不仅进行了理论上的研究，而且也进行了应用上的探索。

我们在其应用领域有了宏观金融风险管理，有了产业金融工程、区域金融工程，在区域金融工程研究方面，我们有了乡村金融工程、县域金融工程、市域金融工程、省域金融工程、国家金融工程和全球金融工程等研究成果。

我们可以自豪地告诉课堂上的每一个同学：中国金融工程正在走一条宏观与微观相结合的康庄大道，中国的金融工程正在用金融工程的原理和方法，为中国式的现代化创造经济奇迹！

叶永刚

2022 年 11 月 1 日

于珞珈山

"政府论"与产业金融工程（之一）

在课堂上我告诉同学们，"金融工程"这门学科的研究对象是"资产"，金融工具是一种资产，公司也是一种资产，政府同样是一种资产。

针对这种"资产"，我们就有了资产定价、金融创新、金融风险管理，就有了我们的"一手抓三条鱼"的金融工程套利图分析方法。

当我们将自己的目光聚焦于最后这个"大资产"即"政府"时，我们说过，我们有了产业金融工程、区域金融工程，我们还有资产负债表体系建设工程等研究领域。

我在这里主要向同学们介绍产业金融工程。

产业金融工程也可以"一手抓三条鱼"吗？

当然可以！产业的基础即企业。所有资产负债表归并起来，不就形成了产业资产负债表吗？

我们先从产业资产负债表来分析"第一条鱼理论"。

我们可以先分析产业资产收益率，再将它与金融市场上的无风险利率进行比较，我们就可以找到二者之间的平衡。我们不就找到无套利分析的依据了吗？

我们可以用产业集群的理论来解释"积木分析法"。我们可以将一、二、三产业进行融合，这是纵向融合。我们还可以将不同商品类别的相关产业进行横向融合。这里的每一个产业子类都可以当作一块"积木"，这种"组合式"的积木分析法，可以构成每一个产业独有的商业模式。有了商业模式，我们再将供应链融资和其他融资方式与这种商业模式对接，形成产融深度结合。"金融积木"和"产业积木"的协同创新就可以推动产业走上发展的"快车道"了。这不就是产业金融工程的"第二条鱼理论"吗？

我们再来分析产业金融工程的"第三条鱼理论"。

产业融资体系中使用最为普遍的策略就是政策性融资体系的构建。有了省、市、县这种多层次综合性的融资担保体系，产业融资的风险就有了一个基本保障。这不就是我们的"第三条鱼"吗？

讲了产业金融工程中的“三条鱼理论”，我们再来给大家讲一个实例。

有一次，我们到北方的一个农村地区研究产业发展问题。当地的领导给我们介绍了冬枣产业与金融在冬枣产业发展中的作用。

这个地区过去种玉米，农民嫌收入低，每亩一年只有 3000 元左右的收入。农民纷纷外出打工，土地却抛荒了。

后来当地政府鼓励农民种冬枣。冬枣是一种冬季可以上市的反季节水果，市场的销路不错。冬枣丰收了，政府又扶持农民搞冬枣深加工，将冬枣酿成“冬枣酒”。酿酒剩下来的酒糟做成复合饲料，让农民发展林下经济，在冬枣树下养鸡。

当养鸡产业做起来后，政府又鼓励农民搞乡村旅游。游客可在枣林中吃着土鸡肉和土鸡蛋，喝着冬枣酒，还可以在林中游玩，并且带着孩子们去参观养鸡场和冬枣酒的生产过程。

产业发展了，银行的业务也做活了。银行不仅增加了存款，而且扩大了对当地企业和农户的贷款。

这个例子告诉了我们什么呢？

其一，这里的一、二、三产业全打通了。第一产业有冬枣树种植，第二产业有冬枣酒产业，第三产业有冬枣林中的乡村旅游。农民的收入提高了。每亩土地从过去的 3000 元左右的收入提高到了 10000 元以上了。资产收益率可以大大超过银行的利息率了。

其二，这里的金融机构充分发挥了自己的作用。银行对冬枣加工企业的贷款和对农户的贷款全都跟上来了。

其三，当地的担保机构和保险机构也都愿意和这些乡村企业、农户开展担保业务和保险业务了。

我们的“一手抓三条鱼”的理论，又一次在这种冬枣产业的发展过程中得到了充分证明！

叶永刚

2022 年 11 月 2 日

于珞珈山

"政府论"与产业金融工程（之二）

讲到"政府论"课程时，我还想向同学们进一步分析一下金融工程套利图与产业金融工程的关系。

我们还是先来看一下金融工程套利图（图1）。

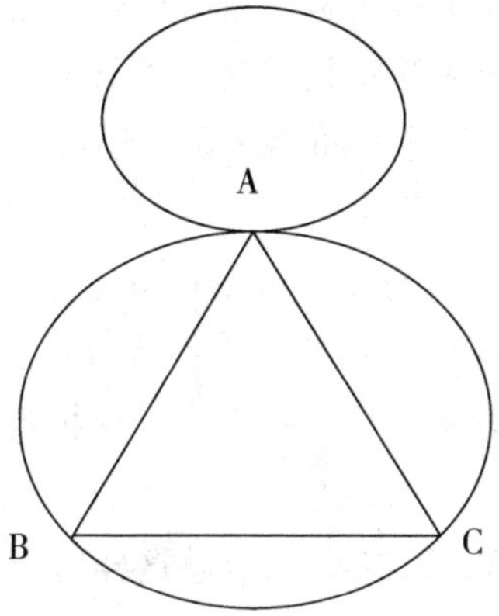

图1 金融工程套利图

该图如何在产业上进行应用呢？

产业也是一种"大资产"，一样要解决三大问题，即钱从哪里来、钱往哪里去和钱的风险如何控制三大问题。

这三大问题的解决离不开我们的"三点论"，即钱从B点来、钱往A点去、钱的风险通过C点来控制。

我们先来看A点和产业的关系。

我们可以在A点做"加法"，A点是成本和收益的平衡点。我们可将技术、人才、管理生产要素注入产业，提高质量和竞争力，同样的产品就可以产生更高的收益了。这不就是"加法"了吗？

我们还可以在A点做"减法"。运用管理会计和成本控制的方法，我们就可以降低产品的成本。这不就是“减法”了吗？

这一“加”一“减”，我们就可以既降低成本又提高收益了。如果银行的利率为8%，而我们这样做了之后，收益率仍然只有6%，还是还不起银行的利息怎么办？

我们还有一招，那就是在A点上做“乘法”。

企业没有的这个2%的收益，别忘了，政府手中有。由于产业是当地的主导产业，政府可以有扶持政策。政府补上这个2%，该企业就符合银行贷款条件了。这个2%的“小钱”，就可以撬动银行100%的“大钱”了。这就是政府有形之手与市场无形之手的结合。我们将这种“小钱”撬动“大钱”的杠杆作用称为“乘法”。

我们接下来再看一看C点。

任何一个产业，都存在金融风险，除信贷风险之外，产业更多的是市场价格风险。如何对付这些金融风险？我们具有各种各样的“风险消除法”，比如说，通过衍生市场来防范这种市场价格风险，还可以通过担保体系来消除这种信用风险。这些方法简称为“除法”。

我们最后来看B点。我们的产业可以在B点上大做文章。有了“加、减、乘、除”法，我们就可以在风控的前提下，将收益率提高到银行的利率之上，这就可以在融资上做“乘方法”了。所有的金融机构都觉得这里有利可图，将会“趋之若鹜”！

金融工程套利图的“A、B、C”三点就这样与产业金融工程中的“五大法宝”建立了一种密不可分的关系！

有了这“五大法宝”，我们何愁产业与金融的深度融合呢？

叶永刚

2022年11月11日

于珞珈山

第八章 08

课程导读之七：“政府论”（下）

关于"政府论"

——珞珈山课堂随想之七

如果说，我们将"工具论"拓展到"公司论"看作金融工程的一次飞跃，那么，我们将"工具论"和"公司论"拓展到"政府论"，则是又一次飞跃，而且是一次更高的飞跃！

我们在"政府论"中，引进了宏观资产负债表，在宏观资产负债表中，我们不仅引进了历史价值的传统资产负债表，而且引进了市场价值的或有权益资产负债表。

有了资产负债表，就有了宏观资产、宏观资产定价、宏观金融经济学、宏观风险管理、宏观经济风险管理体系和宏观经济发展战略管理体系。

国外的金融工程主要是微观金融工程，有了"政府论"，就有了宏观金融工程，就有了用微观金融工程方法论解决宏观经济问题的宏观金融工程，就有了宏观和微观打通的金融工程。

我们的金融学和经济学就可以从微观到宏观相融合了。我们的金融工程就可以像《西游记》中的孙悟空钻进铁扇公主的肚腹中一样钻进经济学的"肚腹"中，形成具有重大理论意义和现实意义的经济工程学，或者更准确地说，形成以金融创新驱动经济发展的经济系统工程！

从方法论上看，微观资产是资产，宏观资产亦是资产，于是，同样的资产定价原理便在两种资产之间找到了一种相互连接和联系的纽带和桥梁。这种纽带和桥梁不就是"资产定价理论"吗？

有了宏观资产负债表，就有了宏观资产定价理论。有了宏观资产定价理论，就可以找到宏观资产定价中的风险溢价，就可以在控制风险的前提下，提高宏观资产的收益率，使其与金融市场上的无风险利率相比较。这不就是宏观资产定价的核心思想吗？

我们宏观金融工程有福了，我们的金融工程有福了，我们的金融学有福了，我们的经济学有福了！

我们的金融工程旗帜高高飘扬！

我们的金融工程歌声嘹亮！

我们的金融工程口号如春雷一般，震天价响："金融学走到哪里，我们就走到哪里！经济学走到哪里，我们就走到哪里！"

叶永刚

2024 年 1 月 2 日

于珞珈山

"政府论"与乡村振兴金融工程

我在课堂上给同学们讲了一个故事。

有一次，我们到黄河边的一个地方去实施乡村振兴金融工程。该县的领导希望我们能够根据当地的实际情况制定出一个切实可行的方案。

当地的实际情况怎样了？县领导说："这里处于黄河滩涂地带。有不少的荒地，希望你们能够整出一个办法来，最好这个办法能在乡村振兴中有示范作用。"

接下来，当地领导给我们介绍了当地一个乡镇，让我们到那个乡村进行深入调研。我们在那里遇见了一个乡村民营企业家，他是一家大学的工商管理硕士，立志回乡创业。

他在自己的家乡打造了一个四季果园，并且想继续扩大种植面积，带动当地农民致富。但是，他遇到了融资难的瓶颈。

我们建议当地国企进行协同创新，这家国企可以将民营企业作为自己的子公司并表。并表后仍将该民营企业以租赁方式委托给该民营企业家经营。同时，该公司与这家民营企业签订一个回购协议，规定这家民营企业在今后三年内可以按约定的条件回购。

我们征求这位民营企业家的意见，问他是否同意这样干。他高兴地对我们说："当然同意。只要与国企混改，银行就可以给我贷款了。我用这笔贷款马上租下农民在黄河边的土地，种上我已经试验成功的哈密瓜。三个月之后，哈密瓜就可以丰收了。我可以在丰收时节举办一个哈密瓜文化节，让四邻八乡的人们都来这里采摘。很快我就可以赚钱了。我再把这笔钱分为两个部分，一部分回购我的企业，一部分用于扩大再生产，一盘棋不就走活了吗？"

这个故事可以给我们很多启示。

它告诉我们，我们的"一手抓三条鱼"的理论在这里依然发挥着重要作用！

其一，钱从哪里来？从银行贷款来，从混改而来，这不就是"B点论"吗？

其二，钱往哪里去？从可以盈利的企业去。正因为该民营企业的资产收益可以超过银行利息成本，所以银行在企业混改后，愿意贷款给该企业。

其三，钱的风险如何控制？有国企的信用做背书来给企业担保，所以该企业借款畅通无阻。

这说明了什么呢？

金融工程在实现乡村振兴伟大战略的进程中大有可为！

叶永刚

2022 年 11 月 2 日

于珞珈山

"政府论"与县域金融工程

讲"政府论"就不能不讲区域金融工程，讲区域金融工程就不能不讲县域金融工程，讲县域金融工程就不能不讲"通山模式"！

我在课堂上告诉同学们，通山是湖北省的一个山区农业县。我们于 2012 年春天在那里开始了中国第一个县域金融工程的示范。

不到两年的时间，我们将当地银行业的贷存比从 30%左右提高到 70%以上，15 家企业经过股份制改造走上了资本市场的道路，GDP、税收和老百姓的收入有了年化 20%以上的增速，全省县域排名一下子向前移了 5 名。

正是由于通山县的示范成效显著，湖北省在 2014 年春天又筛选了 27 个市县作为第一批县域金融工程的示范。2004 年年底，湖北省召开县域金融工程总结大会，所有的经济指标整体上升。于是，湖北省决定全省全面实施县域金融工程。

现在，湖北省的县域金融工程不仅走向全省，而且正在走向全国。

同学们在课堂上可能会问："叶老师，通山县的县域金融工程效果如此显著，你们到底在那里使用了什么招数呀？"

我们采取的措施并不少，但是我们觉得最管用的有如下"三招"：

1. 企业混改。我们将企业进行股份制改造之后，推送到区域性股权市场挂牌，并解决后续融资问题。

2. 银行股权质押融资。银行以企业股改后的股权，作为质押给企业贷款。

3. 政府提供政策性融资担保。政府通过担保公司给企业提供担保支持，以拓宽企业融资渠道。

这三条措施构成了我们所讲的"通山模式"的主要内容。我们后来在全国推行县域金融工程的实践中，广泛地运用到了这些措施。

也许，同学们还会问下一个问题："叶老师，这三条措施跟您所讲到的要'一手抓三条鱼'的理论有关系吗？"

"有关系！"我会告诉同学们，"第一条措施，企业股改，解决了钱往哪里去的问题，这是‘A 点论’，钱要往盈利的地方去。第二条，股权质押融资，解决了钱从哪里来的问题，钱从银行来，这不就是‘B 点论’吗？就是创新嘛。第三条，融资担保体系解决了钱的风险如何控制的问题。这不就是‘C 点论’即风控问题吗？‘三条鱼’的问题不就全被我们解决了吗？”

讲到这里，我可以在课堂上给这部分内容下一个结论了：“所谓县域金融工程，无非就是运用这种‘三条鱼理论’，一手抓住‘三条鱼’，并且整出一个实施方案，即我们的‘全鱼盛宴’来罢了！”

同学们听完了我的这些话，哈哈大笑！

叶永刚
2022 年 11 月 3 日
于珞珈山

"政府论"与市域金融工程

关于区域金融工程的内容，我已经讲过了乡村振兴金融工程、县域金融工程。我还想讲一讲市域金融工程。

如果我们能够做好县域金融工程，市域金融工程的问题就基本上可以解决了。因为我们将各个县域加总起来，就构成了一个完整的市域。

有一年，云南省负责金融的各级领导到武汉大学经济与管理学院参加党政干部培训。我在课堂上给他们做了一场报告，题目叫作《金融工程如何助推云南经济发展》。

讲完课之后，楚雄州的领导要我带队赴该州实施全州金融工程。我非常高兴地答应了。

当我到了该州之后，州领导对我说："叶老师，我们这里的情况和您所在的湖北省有些不一样的地方。您那里有区域性股权交易中心，你们可以让企业股改后到该市场上挂牌融资，我们这里因为没有这个市场，所以不能照搬您那里的做法。希望您能在充分调研的基础上，根据我们这里的实际，整出一种新的模式来。"

当天晚上，我就开始了调查研究。

晚餐时，我请来了大姚县的县长、当地农业银行的行长和楚雄州国资担保公司的董事长。

我给在座的各位领导提出了如下建议：

1. 实行企业股改。大姚县筛选一批企业进行股份制改造。

2. 设立担保基金。大姚县政府拿出一笔资金作为担保资金，放于州政府设立的担保公司。该担保公司按 1∶10 的比例对大姚县的股改企业进行融资担保。

3. 争取银行贷款。银行按此比例，在担保公司的担保条件下向股改企业贷款。

讲完了这些建议之后，我问大姚县的县长："你们可以拿出 1000 万元来干这件事吗？"

还没等县长开口，农业银行的行长说："您如果拿出 1000 万，我就可以贷给您的企业 1 个亿了。"

县长一听："如果我们拿出 2000 万呢？"

行长马上回应："我们就是 2 个亿了！"

县长站起来，将桌子一拍："那好！我们拿 3000 万！"

我问担保公司董事长："您的意见呢？"

董事长说："我没意见！我高兴都来不及呢！"

大家几乎是一拍即合了！

我们后来将这个方案给州政府领导汇报。州政府说："这个方案完全具备操作性。它给我们指出了一条少数民族地区在还没有区域资本市场的条件下如何发展经济的崭新道路！"

我们后来将这种方案称为"楚雄模式"。在这种模式中，我们同样解决了"一手抓三条鱼"的问题。第一条措施即企业股改可以解决钱往哪里去的问题，钱往可以盈利的股改企业去，这是"A 点论"。第二条措施即担保基金可以解决钱的风险如何控制的问题，这是"C 点论"。第三条措施即银行贷款可以解决钱从哪里来的问题，这是"B 点论"。这三个问题解决了，我们不就"一手抓三条鱼"了吗？

讲完了这些内容，我告诉同学们："你们听懂了这个故事，就可以争取去做一个出色的市长或者州长了！"

大家都笑起来了。

叶永刚

2022 年 11 月 3 日

于珞珈山

"政府论"与省域金融工程

在课堂上讲"政府论"，还得讲省域金融工程。

我在讲这一部分内容时，一定会给同学们提出这样一个问题让他们思考："当我们的省域作为一个大资产进行研究时，我们能不能也像其他资产一样，做到'一手抓三条鱼'呢?"

我并不想让他们马上回答，只是想先提出这个问题引起大家的重视。我接下来会以我们这些年在湖北省的实践来说明这个问题。

我们从 2012 年春天开始，就协助湖北省政府示范和实施县域金融工程，并在此基础上，于 2014 年在黄冈市示范和实施市域金融工程，这就形成了湖北省内的市、县金融工程样板。

在实施市、县金融工程的过程中，我们又协助湖北省强化国企改革，积极推动省域国企金融工程建设。

在湖北省国企改革的进程中，我们又积极促进湖北省设立产业基金体系的建设。湖北省首先设立了产业母基金，其次进一步扩大基金规模，与全社会各种类型的基金进行协同创新，并设立各种类型的子基金。最后将整个基金体系与市、县金融工程对接，极大推动了当地经济的高质量发展。

除此之外，我们还协助湖北省政府创新政策性融资担保体系，形成省、市、县三级联动的政策性融资担保体系，支持实体经济发展。

有了国企改革、县市的区域金融工程和政策性融资担保体系，我们就形成了省域金融工程的基本格局。在我们所要解决的三个基本问题中，这三项创新项目起到极其关键的作用。

首先我们来看钱从哪里来。有了省域从上至下的国企金融工程，就有了源源不断的资金来源。我们在国企金融工程中的一个重大措施就是资产规模倍增行动计划。资产倍增了，社会融资规模和 GDP 就有可能倍增。

其次我们再看钱往哪里去。钱往区域金融工程去，钱往区域金融工程中的产业金融工程中去。我们国企的产业基金体系就可以极大地推动各种主导产业的迅速发展了。

最后我们看钱的风险如何控制。政策性融资担保体系的建设不就构建了一个完整的融资担保体系吗？

这三个问题解决了，我们在省域层面不就解决了“一手抓三条鱼”的问题吗？

我们的课程讲到这里，所有的同学对于我在前面提出的那个问题就会有一个明确的答案了。他们就可以大大地松一口气了，因为他们不再害怕老师就这个问题要他们站起来回答了。

叶永刚
2022 年 11 月 4 日
于珞珈山

"政府论"与国家金融工程

讲完了省域金融工程，所有的同学一定都在期待着老师再接着讲国家金融工程。

同样，国家金融工程不也是要解决"一手抓三条鱼"的问题吗?

就金融工程的基本问题而言，它是要解决金融与经济的关系问题。在金融与经济之间，它需要搭建起一座桥梁，一座坚如磐石的桥梁。这座桥梁就是我们的金融工程。在国家层面，这就是我们的国家金融工程。从理论上讲，这就是经济学的工程化，就是用金融去实现经济的工程化。

金融与经济的关系同样涉及三个大问题，即钱从哪里来、钱往哪里去和钱的风险如何控制。这三个问题解决了，如何推动经济发展这个最基本的问题就可以解决了。

钱从哪里来?钱从国企来，从各级政府的国企来。我们有一条措施，叫作国企资产规模倍增行动计划，这是我们的制度优势。

从国家的角度来看，钱不是印出来的吗?怎么从国企来呢?没错，它是印出来的，但是印出来的钱只是钱的供给，还不是钱的需求。钱还需要它的需求。国企资产规模倍增行动计划可以解决钱的需求，可以形成社会融资规模。这就是一种钱的有效需求。只有这种有效需求才有可能让金融为实体经济服务。

钱往哪里去?钱往实体经济去，实体经济就是产业。产业在哪里?在区域。区域金融工程就可以解决产融结合的问题。因此，我们的回答是钱往区域金融工程去，站在中央政府的层面来看这个问题，区域金融工程实际上就是省域金融工程，特别是各省的主导产业金融工程。

钱的风险如何控制?我们的回答：国家资产负债表。国家资产负债表是宏观资产负债表的一个重要组成部分。有了国家资产负债表就有了一个国家的战略风险管理体系，就可以守住不发生系统性风险的底线。

在国家层面，这三大问题的解决看起来很复杂。但是有了这三条措施，即国企金融工程、区域金融工程和宏观金融风险管理体系建设金融工程，这个问题就可以从复杂到简单了。对于国企金融工程，我们可以实施国企资产规模倍增行动。对于区域金融工程，我们可以突出产业金融工程。对于宏观风险管理体系建设金融工程，我们可以充分发挥国家资产负债表的作用。

有了国企资产规模倍增、产业金融工程和国家资产负债表的编制，这三个大问题的解决不就可以落到实处了吗？

国家的这只大手，不是也可以“抓住三条鱼”了吗？

讲到这里，所有的同学都恨不得伸出手来，代表我们的国家去抓住这“三条鱼”。

叶永刚

2022 年 11 月 4 日

于珞珈山

"政府论"小结

我们的渔船从一条小小的港湾出发，划进了大海，划过了一个接一个的海岛，划过了一片又一片的海域。我们现在这片海域叫"政府"。

我们在"政府"这片海域，依然撒下了我们的渔网。我们的渔网中，依然捕获了"三条鱼"。

由于有了宏观资产负债表，我们可以对资产进行定价。我们可以找出与"无风险套利+风险溢价"的理论价格，也可以找到"调整风险后的收益率"。有了这种收益率，我们就有了宏观经济资本管理体系，就可以形成一个完整的宏观战略风险管理体系。这就有了我们的"A 点论"，即我们的"第一条鱼理论"。

我们有了"调整风险后的收益率"之后，就可以运用所有的金融工具和手段来获取这种"调整风险后的收益率"，这就是"B 点论"，即"第三条鱼理论"。

在这里，我们还进行了宏观资产负债表分析，有了宏观资产负债，就有了期权定价理论与宏观资产负债的结合，就产生了我们的或有权益资产负债表，就有了宏观经济资本管理体系的形成。

我们的整个经济社会，就成了一个"大资产"，经济发展战略就成了一个经济资本管理体系，经济学在金融工程这个"魔杖"的敲打之下就形成了"经济工程学"。

我们仿佛看见太阳又从海面上升起来了，海鸥飞起来了，海潮赶来了，浪花飞溅起来了，整个大海都在欢呼！为我们的渔船欢呼，为我们的渔网欢呼，为我们的"三条鱼"欢呼，为我们这些辛勤的"渔民"欢呼！

叶永刚

2022 年 11 月 4 日

于珞珈山

第九章 09

课堂之后

关于课堂之后

——珞珈山课堂随想之八

我这辈子，从1979年之前在农村当民办教师，到后来高考进入武汉大学经济系，并留校任教，一直都在当老师，而且乐此不疲。

当我每次走进课堂时，我常常在想，农民的果实是好庄稼，工人的果实是好产品。那么，对我们这些当老师特别是在大学当老师的人来说，我们的果实该是什么呢?

我想无非两条：一是好成果，二是好学生。我觉得好学生比成果更为重要，因为学生有可能青出于蓝而胜于蓝，因为好学生不止一个，并且有可能产出更多更多的成果!

正因如此，我在每学期上导论课时，总是想到课程的培养目标，想到教学方式、教学效果，甚至想到学生毕业后的成就和发展。

近些年来，我和武汉大学的老师们一起，不仅给金融学和金融工程的学生们讲解金融工程专业课，而且给武汉大学所有学科的学生开设金融工程通识课。

2022年的金融工程通识课，我和老师们在课程中加进了一个环节，就是让学生开展一些实践活动并在期末进行报告和交流。

以此，来对我们的金融工程课堂教学进行检验。

当然，真正的教学效果不仅在课堂上，还在课后，在同学们一辈子的岁月中……

叶永刚

2024年元月二日

于珞珈山

课堂之后（之一）
北斗产业金融工程及学生感想

在2022年下半年的“金融工程创新艺术”本科通识课上，张培、刘勇和我同心协力，做了很大的创新。目的是在教学改革上做一些新的尝试，并尽可能培养一些创新型人才。

张培制订了一个课外学习和实践的计划，将全班学生分成六个小组。这六个小组分别由我们三个老师带领，积极开展课外活动。

我们的课外活动内容有：一、老师在课外给学生做专题讲座；二、老师带着学生参加课外实践；三、各小组专题汇报课外活动内容及收获。

这六个小组分别是：一、北斗产业金融工程小组；二、期货的前世今生小组；三、农产品交易所小组；四、县域金融工程助力乡村振兴小组；五、合浦县金融工程实践小组；六、期权工具小组。

这学期的课外活动结束，我们回顾一下成效，感到喜出望外！没有想到效果如此之好，硕果累累，一片丰收的景象！

我们先来看看“北斗产业金融工程小组”的情况吧！

北斗产业金融工程小组的成员有王文宗、葛翰霖、吴庆鹏、韦昕钰。该小组的汇报题目为《北斗产业——产业金融工程角度分析》。

该小组的汇报分工如下：王文宗和葛翰霖负责内容整理，吴庆鹏负责汇报文档制作，韦昕钰负责主讲。

他们的汇报内容有四个部分：一、北斗系统介绍；二、北斗产业；三、金融工程在北斗产业中的应用；四、自我感想。

他们的汇报引起了同学们的极大兴趣。

汇报结束后，我请该小组的汇报人之一王文宗同学根据这次课外实践活动和课堂学习的收获写了一篇短文，题目叫作《金融工程创新艺术课后感想》。

短文如下：

"金融工程创新艺术"课后感想

——化学与分子科学院 王文宗

上了这门课程我的收获是，我了解了什么是金融工程，我学会了一些用金融解决问题的方法，并且这门课培养了我对金融工程的兴趣。

上这门课之前，我对金融工程的了解仅是金融就是研究投资炒股这些事情。由于各种基金、投资产品等的收入和风险不同，所以要找出一种可能取得最大收益，同时又风险最低的分配方案，来规划自己手上的钱，以取得更大的收益。但当我上了这门课之后，我明白了我对金融工程的理解只是冰山一角。

上第一节课的时候老师就问我们："什么是金融工程?"最后，老师告诉我们："金融工程是创造性地运用金融工具和策略，解决金融财务问题的综合性学科。"之后老师又举了很多的例子，比如，草船借箭、非洲部落没有货币以及鲁滨逊的例子。当时，我以为我理解了金融工程的真正含义，但其实并没有，我对工程的概念依旧是片面的、不完整的。后来，随着课程的继续，我终于明白，金融工程并不是一个只研究怎么赚钱的学问，也是一门用创造性的方法来解决社会问题的学问。正如第一节课老师所讲的那样，草船借箭解决没有箭的问题；非洲部落使用货币解决女人地位低的问题；鲁滨逊解决如何让自己能更好地生存下来的问题。金融工程是用金融的方法和策略来解决很多实际问题，显然我之前对金融工程的理解是片面的。金融工程不只是研究如何赚钱，反而钱的出现就是为了解决问题，人们用货币这种普遍拥有的物品来取代其他交换物品，可以使交易过程更方便、交易范围更广。如今人们开始用移动支付，比使用纸币更加方便。

通过学习这门课程，我学会了一些金融思想和金融工具。最开始，老师讲了"借、还、赚"的思想，确实是金融工程解决实际问题的核心思想。之后，老师讲的金融工具的使用都是围绕这个思想来进行的。老师讲了各种金融方法和金融工具、套利分析图、积木分析法、空头、多头、现货、期货、看涨期权、看跌期权。老师讲了各种金融工具的由来、定义和应用，以及它们之间的区别。此外，金融是来解决实际问题的，所以老师还开展了实践活动来让同学们学习如何用金融工具来解决实际问题。通过这门课程，我可能不能像金融专业同学那样精通，但我认为三位老师对这门课程的设计非常完美，作为一门公选课，金融工程创新艺术这门课能使同学们学到金融的整体框架，也是最核心的内容。这样一来，同学们可以继续去阅读一些金融工程书籍，了解更多的知识，继续关注一些金融领域的信息，确实能够达到各位老师的办课目的，让其他专业的学生同时了解金融知识。

最后，上了这门课程，确实培养了我想继续学习了解金融工程的兴趣。在上第一节课的时候，各位老师给我最深的印象就是富有激情，我觉得老师们想让同学们学会这些知识的渴望，甚至大于同学们想学会这些知识的渴望，这在很多课堂上都很少见。这说明了老师想让其他专业的同学们学会金融工程的知识来助力国家经济的目标，这并不是一个口号，而是真正的决心。记得倒数第二堂课时，老师讲宏观金融工程，把一个县看作一个企业来经营。老师说了，如果每个县都能找到自己的发展方式，那么就能极大地推动国家经济的发展。这是一种中国特色社会主义的金融工程。各位老师为国家、为人民着想的精神，让我十分敬佩，同时也让我看到了金融工程的作用和魅力。它确实能够解决现实问题，所以我以后会去学习了解更多的金融知识，并希望自己能够在需要的时候运用到金融的知识和方法。

从王文宗同学的这篇短文，我们起码可以看到以下三点：

1. 该同学对该门课程产生了浓厚兴趣。我们千万不要小看了这一点，要知道，兴趣可是最好的老师！

2. 该同学了解了金融工程的基本概念。他记住了老师所讲的“金融工程是创造性地运用金融工具和策略，解决金融财务问题的综合性学科”。同时，他还记住了老师们讲过的不少案例。

3. 该同学理解了金融工程的基本原理和主要工具。正如他在文章中所说，“最开始，老师讲了‘借、还、赚’的思想，确实是金融工程解决实际问题的核心思想。之后，老师讲的金融工具的使用都是围绕这个思想来进行的。……”

同学们能有这三点收获，对我们这门课的老师来说，就已经感到十分欣慰了，更何况这里还有其他各种收获！

叶永刚

2022 年 12 月 10 日

于珞珈山

课堂之后（之二）
农商产品交易市场金融工程及学生心得

第二组的课外实践活动小组的成员有马雨菡、何煦、陈诺、纪欣烨。

他们在我们三位老师的带领下，参加了武汉农商产品交易市场建设的专题调研座谈会。座谈会后，该小组根据会议情况和他们在课堂上所学的内容，进行了深入而又热烈的讨论。

接着，该小组根据讨论情况，制定了该小组的汇报材料。

该小组在汇报活动的安排中，做了如下分工：主讲，马雨菡；实践总结，马雨菡、何煦、陈诺、纪欣烨；汇报文档制作，纪欣烨。

该小组的汇报题目为《武汉农商产品交易所建设可行性分析——第二次课程实践》。

该小组的汇报内容有，一、背景；二、问题分析与解决；三、思考与感悟。

在“思考与感悟”中，该小组写了以下要点：

1. 这是一次切实接触金融在现实生活中运用的机会。在激烈地讨论与汇报中，课堂中所讲的知识，如远期交易、现货市场等都在现实中找到了相对应的情况。

2. 金融的思考维度比想象得更为复杂。想要一个金融理念得到实现，需要同时考虑多方面的因素。就以小龙虾交易平台为例，要考虑资金链、政策、创立的时机甚至买卖方的主观想法等。

3. 金融工程这门课教会了我们金融工程套利图、三种市场，各种金融工具实实在在的应用。也让我们了解到了中国金融工程自己的特色和优势，看到了金融工程在乡村振兴方面的光明前景。

4. 不管我们以后是否进入金融工程的专业领域，这门课都做到了专业知识的普及，专业兴趣的吸引，以及在人生观、价值观上服务人民、服务国家的积极引导。这些知识都是人生中的重要财富。

该小组汇报结束后，我请该小组的马雨菡同学写了如下的心得体会：

“金融工程创新艺术”选修课心得体会

——经济与管理学院　马雨菡

有人说：“当所学的东西都忘掉之后，剩下的就是教育。”于我而言，这门课把知识和其他比知识更深刻的东西都留在了学生的心里。

“试问岭南应不好，却道，此心安处是吾乡。”

刚开始选课的时候，我对金融工程几乎没有了解，只是抱着“试试看”的心态去听课，然而，第一堂课就深深打动了我：在这堂持续到深夜九点的课上，面对着一群不是自己专业的学生，令我震惊的是，年近古稀的叶教授竟然比许多年轻教师还有热情，学生们的专注也像是教室里不熄的灯火。老师尚如此，学生也不敢怠惰。此后每个周一的夜里，坐上摇晃的校巴，我都像是去赴一场庄重而神往的约定。

这门课让我感到，在武汉大学里，在一堂选修课上，我正被认真对待，从此漂泊的心仿佛找到了归宿。可以说，我对武汉大学的归属感，有一半来自这门课。

“问渠那得清如许，为有源头活水来。”

这是一门对学问要求很高的课，需要的绝不是似懂非懂的门外汉。

老师们在系统地介绍金融工程的方法论和不同金融工具的同时，旁征博引，用生活中最简单、最有趣、最真实的例子予以充分的阐述；甚至在疫情之下，每一位学生仍然获得了至少一次的课外实践机会，为的就是让学生“不用记笔记也能记住真知识”。我在实践中的疑惑也得到了张培老师耐心的解答。老师下的是真功夫，学生得到的是真本领，我们一起解决的是现实中的真问题。每一堂课上我都能体会到知识的重量。老师们强调的“要培养的是金融工程领域专业的人才，甚至是多学科交叉融合的人才”，绝非虚言。

“我的国家依然是五岳向上，一切江河依然是滚滚向东。”

我一直觉得教育是那些比知识更重要的东西：犹记得第一堂课上“你们要像凌霄花迎着骄阳盛放”的鼓励；读《易经》的人生哲学；“中国的道路要靠中国人自己走”的自信；“以后要做国之栋梁，要干大事业”的教诲；让县城金融工程的红旗插遍全国的中国梦，沿着丝绸之路走出去的世界梦……这些人生观、价值观上服务人民、服务国家的积极引导，是这门通识教育课给学生留下的比金子更宝贵的东西。

先生之风，山高水长。当叶老师精神抖擞、步伐轻快地走上讲台的时候，我想，每个学生都能看见他眼睛里的光，看见老师们的热爱和信念在燃烧，看见中国金融工程的精神风貌，看见民族的意志永远向前，向着热腾腾的太阳，跟你一样。

“金融工程创新艺术”给学生留下的不仅是知识，更是对学校的归属感，对国家的使命感。这里有一门课，给想学金融的、不知道自己喜欢金融的学生打开了一扇窗；这里有一群人，把论文写在祖国大地上，把教育镌在学生心田间。最后，真诚地感谢这门课让我与三位可敬可爱的老师相遇！

写这篇论文的马雨菡同学是经济管理学院经济学的学生。尽管她的专业是经济学，但她的文笔却很有文学气息。从她的短文中，我们可以看到，我们的课堂不仅可以使学生们学到专业知识，而且可以提高他们的文化自信，使他们不仅热爱自己的专业，而且热爱自己的国家和人民。

叶永刚

2022 年 12 月 11 日

于珞珈山

课堂之后（之三）乡村振兴金融工程与学生体会

第三组的课外实践活动是调研和讨论县域金融工程中的一个重要方向，即乡村振兴金融工程。

该小组的汇报题目是《县域金融工程助力乡村振兴》。

他们的分工如下：组织设计，张弛、胡英泽、周贤智；资料收集，张帅洋、刘葳、王浩宇、雷颖枫、胡英泽、谭燕金、张弛、周贤智；汇报文档制作，刘葳、周贤智、谭燕金、张弛；展示，周贤智、张帅洋、胡英泽。

他们的主要汇报内容有，一、县域金融工程概念；二、金融工程助力乡村振兴案例；三、县域金融工程与乡村金融工程意义。

汇报结束后，我请小组成员胡英泽同学写了一篇心得体会。这篇文章如下：

“金融工程创新艺术”心得体会

——电子信息学院　胡英泽

作为非经管类专业的一名学生，抱着对金融的极大兴趣，我报名参加了这一门通识教育课。当时初见课程安排的时候，我还是非常担忧的，毕竟作为22级的新生，几乎没有经济学的任何基础。但随着课程的不断深入，这种忧虑逐渐消解。还记得在第一节课的时候，叶老师将金融工程的本质归纳为“借、还、赚”，这种全新的定义，让我顿时感觉金融工程对我来说并不是那么遥远。还记得在第二节课时，叶老师从抓鱼开始讲起，起初听得有点不明所以，但随着这个比方的解释，“一手抓三条鱼”在我脑海里变成了这门课的代名词。这些比方和具体例子的运用，让这门有些高深的课，一下子走进了我的生活。

这门课让我印象最深的是独特的实践活动。与其他课程的实践活动不同，这门课的实践活动几乎覆盖了每一位同学，这使得每一位同学都有机会通过实践来检验自己所学到的内容。我一共参加了三次活动，这三次活动围绕的角度有相同的，有不同的。但都有一个共同点，这些项目让金融工具走向了产业发展和乡村振兴。这几乎颠覆了我对金融工程的认知，第一次认识到这些金融工具可以为产业发展服务。其中，我印象最深的是县域金融的概念，将金融工具用在乡村振兴上，通过“期货+保险”促农的方式，实现增收致富。将高深复杂的金融工具用在普通老百姓身上，为共同富裕做贡献，这让我真正体会到了金融工程的情怀所在。

作为一门通识课，这门课程实现了将专业课通识化，让越来越多的同学有机会接触金融工程，体会金融工程的乐趣所在。作为电信学院的一名学生，抛开前置课程不说，如果单单学金融工程，对我来说都是一种遥不可及的概念，但在这门课程中，这种对金融的热爱得以实现。

在一学期的学习之后，结合我自身的体会，有这样一些建议。首先，对于那些非经管类学生并且没有经济学基础的学生，可以通过前期其他时间段的录播课，将一些必要的专业名词进行简单的说明，这样或许可以让这些学生更快地加入金融工程的学习之中。其次，可以多加入一些案例分析，通过案例分析，将复杂的理论，通过形象的方式，让学生进行消化理解。这些案例可以作为前一节课的作业，在课后进行思考分析，然后在课上进行讨论发言。

总的来说，这学期参加这门通识课，让我收获了很多，对金融工程也有了大致的了解，并能进行一些方面的运用，也算得上是三门通识课里最硬核的一门课。感谢三位老师的大力付出！

胡英泽同学的这篇短文，不仅谈到了自己的收获，而且提出了宝贵的建议。这说明他作为一个非金融工程专业的学生，不仅对这门课程的学习有了兴趣，而且对课程有了进一步学习的热情和要求。教学相长，中国这一古老的教学原则，在这里又一次闪耀着熠熠的光辉！

叶永刚

2022年12月14日

于珞珈山

课堂之后（之四）
合浦县金融工程及学生认知

第四组的课外实践活动是，参加广西北海市合浦县金融工程视频专题座谈交流会议。

该小组在视频专题会议之后进行了认真的讨论，并且确定汇报的题目为《合浦县金融工程实践》。

该小组的汇报人为王叙雅。小组成员有王叙雅、连哲萱、郭小雅。

他们的汇报内容有三个部分：一、概论介绍；二、知识运用；三、实践收获。

汇报和交流结束后，我请小组成员王叙雅同学写了一篇关于课程及实践活动的感受的短文。文章如下：

“金融工程创新艺术”课程认知

——遥感信息工程学院　王叙雅

这次金融选修课的学习，让我对金融这门艺术有了全新的认知。在上这门课之前，我一直以为金融是一门较为功利的学科，是那些坐在华尔街的办公室里，或是一些风投公司的人手中用来盈利的工具。我在深圳长大，见到无数坐在办公室里工作的金融领域的人，而当初我报这门选修课的初衷也只是想看看这些人究竟是如何运用金融工具来创造财富的，却没想到发现了与我想象中全然不同的金融。

通过三位老师生动而充满热情的讲述，我对金融工具、金融知识和方法论有了基本的了解。更重要的是，我了解到金融不仅是那些坐在办公室里的人用来盈利的工具，我从老师讲课时的炽热眼神里知道，从他们质朴的乡音里知道，从他们发自内心的对知识的热爱中知道，金融工程创新艺术是一门真正的艺术，是充满哲学和文化知识的创造财富的艺术。

第一节课上，叶老师跟我们说，要读三本书《易经》《道德经》《黄帝内经》，要“一手抓三条鱼”。当时我还不理解，这些哲学的文化与金融有什么关系。而在听完了课程，完成了实践之后，我知道金融与人性、哲学是分不开的。因为，只有学者有着中国人的温良，才能将金融作用于中国的经济发展；只有金融学者含着对生活的热爱，才能全心全意投入乡村一草一木的建设当中。

而我也惊喜地发现，老师们和学者们正是在这样做着。通过这次实践活动，即合浦县的金融工程创新，我充分了解到我们所学到的理论知识，是可以有真正的实践意义的，“一手抓三条鱼”并不是纸上谈兵。更重要的是，这样的宏观金融工程的发展模式可以应用到中国的各个乡村、县城、省份，以至于整个国家。当意识到这些时，再回过头看我所学的课程，我所做的笔记，便有了不一样的情怀。

叶老师第一节课讲的一句话让我记忆犹新：“我们要攀登两座高峰，一座专业的高峰，一座生命的高峰。”而在之后的课上，我深刻了解到了这句话的含义。张老师跟我们讲到他开办这门公选课的初心——想让更多非专业的学生能在本科阶段有机会接触学习金融，以及他们为之所做出的努力。叶老师跟我们讲到他在美国学习金融的经历，讲述着他们如何将西方的微观金融扩大到中国化的宏观金融……我无不被震撼着，我能从他们炽热的眼神中看出他们对金融发自心底的热爱，我想从这门课中学到的更多的应当是这种处事的态度，对专业的钻研精神。“一点论”对金融来说是微观的收益和宏观的 GDP，而对人来说则是抱负和志气。

那么对于我自己，在高中时期，迫于学业的压力，我曾思索为什么有所谓的“内卷”，为什么我们要面对所谓的应试教育。我四处寻找答案，从书籍，从草木……我始终觉得，我们学习应当是为了利用自己所学去帮助更多人，去创造更多价值，而不是仅仅的个人和金钱。从那时起，我就确定了自己对遥感的热爱，从而在开学后转专业到了遥感。因为，我认为遥感是可以造福社会的。在听完这门选修课后，我也对金融有了新的认知，基本上任何学科的发展都离不开钱，离不开金融。因此，我认为可以把我所学的专业与金融结合，去创造发挥更大的价值。《易经》中有言：“君子终日乾乾，夕惕若厉，无咎。”我想，这便是攀登专业的高峰所需的精神。

从王叙雅同学的这篇短文中，我们可以看到：

1. 王叙雅同学理解了金融工程是创造财富的艺术。

2. 她懂得了金融工程是宏观与微观相统一的学问。

3. 她认识到金融工程的方法论是要“一手抓三条鱼”。

4. 她明白了学习的目标是要去攀登两座高峰，一座是专业的高峰，而另一座则是生命的高峰。

5. 她还想到了要将自己的遥感专业与金融工程专业的学习相结合的问题。

6. 她还认识到学习这门课程不仅要为自己创造财富，而且要为社会创造财富。

这门课程能让一个同学有这么多的认识和感悟，这对我们上课的老师来说，毫无疑问将是一种极大的鼓励和安慰！

叶永刚

2022 年 12 月 11 日

于珞珈山

课堂之后（之五）
期货交易及学生感悟

第五小组的课外活动是《期货的前世今生》文章的专题学习和讨论。

该小组的汇报题目为《〈期货的前世今生〉感悟》。

他们的汇报人为郝艺如，汇报文档制作者为戴飞杨。参加讨论者有郝艺如、戴飞杨、余翰、何智宇、李明鼎、邹磊、肖容磊、田弦、黄彬健、余思睿、李航丞、李浩维、朱敬豪、张子航、薛尚平、陈佳烁。

他们的汇报内容分为五个部分：一、对期货的理解；二、对期货历史演变的认识；三、327国债事件后中国的期货市场；四、中美期货差异；五、对期货工具的态度。

除参与该小组在课堂上的讨论之外，我还请该小组的成员郝艺如同学写了一篇关于课程及实践活动的感受的短文。文章如下：

破界跨界，创锦绣世界

——文学院　郝艺如

金融，是指经济生活中，银行、证券或保险业者从市场主体募集资金，并借贷给其他市场主体的经济活动。政府、个人、组织等市场主体通过募集、配置和使用资金而产生的所有资本流动都可称为金融。金融作为一个专业性极强的学科，在很多时间里仅青睐于金融专业人士。这一学期，在叶永刚等老师的努力争取下，我有幸坐于台下，作为一位非金融专业学科的学生，来学习金融学的相关知识。

在这门课上，我们对金融方面的基本知识、基本概念都进行了详细的学习。对于诸如现货工具、远期工具等金融工具都有所接触并详细了解了其具体应用，以及其目前所存在的不足；我们更深入剖析了以前觉得十分遥远的金融市场，了解了期货市场、商品市场及其衍生市场的市场运转流程以及利润赚取途径；我们从一只茶杯读懂期货，从一些企业的实际案例中学习并尝试应用套期保值理论来进行相关的方案设计，从“你”“我”的交互对话中掌握相对优势和绝对优势的概念与应用。我们有幸坐于台下听叶老师讲述他所开创的“一手抓三条鱼”理论，通过昔年往事学会无套利分析、创新思想和积木分析法。金融工程创新艺术的课堂为来自不同学科的大家，激发了新思想，展开了新路径，开创了新世界。

除专业的课程教学外，“金融工程创新艺术”还不定期组织课程实践活动。我们欣喜于北斗产业的蓬勃发展，同时也关心北斗产业现存的问题，并根据课程所学，创新性地提出自己的看法和改进想法。我们为国家乡村振兴战略的推进而雀跃，同时也实际探讨武汉农畜产品交易所建设的相关问题与解决问题的各种路径。在此之前，我们可能在医学书海中徜徉，可能在化学实验中求索，我们未来可以治病，可以研制化学药剂，但我们可能从未接触过或者从未尝试过解决当前中国存在的经济与金融问题。在这门课里，我们有幸通过另一种途径参与国家建设，参与国家富强与民族振兴，有幸跨学科、融学科，有幸探索自己的、国家的、世界的另一种可能性。

金融工程创新艺术作为一门通识课，将复杂严密的金融知识通俗化，将抽象的金融工具具象化，将庞大的市场体系细节化，从小入手，从生活取材。考虑到跨专业教学，这门通识课更加注重学科理论的实际应用。老师们利用自己的人生经历与一些生活实例将金融理论讲得深入浅出，让不同学科的同学都可以理解专业的金融理论应用，并结合自己的专业知识加以深入探讨如何融入各自的学科实践，真正做到跨界、破界，创世界，真正做到了老师课堂上所说的“希望大家可以不用记笔记就可以理解并掌握金融理论及其应用”。

其实，金融本身是复杂的，将其通俗化本身是一件极难的事，那么老师们为什么不辞辛劳地努力争取该课堂的开设呢？其实，在我看来，这是一门极有意义的课程。作为一位非专业的学生，在开课前，我认为自己可能就是一个凑数的，可能完全听不懂课程所教。但是学到后来，我觉得受益匪浅。正如几位老师在课堂上反复提及的，金融它不是冷冰冰的数字，它看似高冷，是的，如果金融只限制在特定的领域，可能就会过于理性而缺乏温度、感性、温情，有时反而成为限制其自身发展的因素。或许，这就是将金融通识化的意义，金融专业生在领域前沿披荆斩棘，非金融专业生在各自领域闪闪发光。我要再次感谢各位不辞辛劳的老师，是他们勇于打破界限，让理性与感性并济，让刚柔相融，相辅相成。在这种融合与跨界里，让学生们有机会破界跨界创世界，让中国金融或者说中国经济更加卓越，让各个学科熠熠生辉。让山清水秀，促国泰民安，创锦绣世界。

从郝艺如的这篇短文中，我们看到一个事实，那就是金融工程作为一门通识课程完全可以让非金融工程或非金融专业的学生学懂弄通，并颇有收获。

如何才能让这些非金融工程或非金融专业的学生学好这门课程呢？这就要求教师在教学过程中注意将其内容通俗化。

正因如此，我们才对自己提出一个明确的要求：让学生们“即使不记笔记也能掌握课堂上讲过的主要内容”。

由此看来，我们在这学期的课程中基本上做到了这一点。

叶永刚

2022 年 12 月 11 日

于珞珈山

期权交易及学生认识

第六组的课外实践活动专题是期权工具。

该小组的汇报题目是《期权工具的应用——实践内容总结》。

该小组的汇报人是赵浩宇、周俊西。汇报文档制作者是矫皓月、周俊西、赵浩宇。材料组成员有马雨菡、周俊西、赵浩宇。

他们汇报的内容：一、期权工具+现货工具；二、期权工具+期货工具；三、期权工具+期权工具；四、基于产业链的（宏观）金融工程。

在激烈的课堂讨论之后，我找到了该小组成员之一的周俊西同学，让他将发言中的课程与实践感悟写下来供大家进一步学习和参考。他很爽快地答应了，并且很快就交给我了。他不仅写了，还给出了一个很大气的标题，叫作《经世济民安天下，大道笃行系苍生》。文章内容如下：

经世济民安天下，大道笃行系苍生

——“金融工程创新艺术”课程感悟

新闻与传播学院　周俊西

曾经，我也是一个怀着远大理想的人。我将“用思想破解万古的秘密，用行动证明强大的自己，用心血挽救人类的疾苦，用生命诠释科学的真理”这句话作为我的座右铭，贴在书桌上，时刻警示着自己。我曾坚定地认为，在人文社会科学中只有哲学这样的学科能助我实现理想，而选择金融，就是选择了与金钱妥协，向物欲屈服。

然而，现实总是残酷的。我的家人不断向我灌输像“我们家庭状况不好，你应当选择未来薪酬高的专业”这样的观念，逐渐浇灭了我理想的火花，让我转向了现实。因此，我的高考志愿几乎全是法学、经济学这类的专业。直到我被武汉大学新闻传播专业录取，我仍想着如何才能通过各种方式向这两个学科靠拢，以谋取更大的经济利益。

于是，我选择了“金融工程创新艺术”这门通识课。

之后，我走上了一段探索“真正的金融”的旅途。

金融工程是指包括创新型金融工具与金融手段的设计、开发与实施，以及对金融问题给予创造性的解决。在三位老师的课堂中，我逐渐明白，金融工程解决的问题，不仅是自家“钱从哪里来，钱到哪里去”这样的小问题，更是关乎国计民生、民族复兴的大问题。

金融工程是农户权益的卫士。农业作为第一产业，对于国民经济的建设和发展发挥着至关重要的作用。农户的生产积极性是农业发展的一个重要因素，保障农产品价格有利于保持农户的生产积极性，从而维持农产品产量的稳定。但是，如果单纯依靠政府的最低收购价，财政支出大、效率较低下的问题可能会逐渐突出。而“保险+期货”模式，能够运用市场手段，将农产品价格波动的风险转移到期货市场。这样一来，不仅农产品的价格得以保障，资金也能得以流转，许多企业能够于此获利，进而为更多的农户提供农业保险与风险转嫁。

金融工程是企业发展的保障。众所周知，创新是企业发展的决定性因素。但是，金融手段的运用对于企业发展也能起到重要的支撑作用。许多加工企业的原材料价格往往会受到市场波动的影响，而通过期货与现货的组合来实现风险对冲，就能有效控制价格波动带来的风险，一定程度上降低生产成本，提高企业的利润。企业作为市场经济的主体，其自身发展对于国民经济发展具有重大促进作用。

金融工程是生活的哲学。叶老师曾在课上说过，人生要读三本书：《易经》《道德经》与《黄帝内经》。金融工程也有一个理念，要一手抓住“三条鱼”。无论是“三本书”还是“三条鱼”，都能够作为一种可贵的处世之道。有同学也分享过，“三本书”与“三条鱼”的高度相似性，彰显了金融从业者心中的一丝温情。这同样也告诫着我们，要以一种辩证理性的态度去生活，并达到顺其自然的境界，在举手投足间就能自在圆融。此外，金融工程风险对冲、止盈止损等风险控制理念，也向我们传授着中庸之道。何为“中庸”？中庸，即不偏不倚，正道而行。行中庸之道，方可至诚尽性，达圣人之境。

金融工程也是思维与创新的艺术。我们虽然只从定性的角度学习了金融工程的相关知识，但是几乎原汁原味地经历了一场奇妙的思维之旅，深入了解了金融工程的思维方式。这种思维方式以整体利益最大化为目的，堪称一支动人的逻辑之舞。最让我印象深刻的是，老师在课堂上讲述的在不影响使用的情况下让存款收益最大化的方式。我们可以将原计划存一年定期与一年活期的存款分成12份，在接下来一年的每一个月分别存一年制定期。这样，我们未来每个月都有一笔存款到期，每个月都有钱用，并且能够获得更多的利息，减少因部分存款存活期而带来的利息损失。这样独特的思维方式，又怎能不称为奇妙的艺术呢？

在如今的新时代，金融工程更是一条经世济民的强国之路。纪录片《华尔街》中曾说过，每一次金融创新都能给社会带来福利，但是同时也会带来灾难与危机——许多金融危机都是由金融创新间接导致的。叶老师提出的“宏观金融工程”同样是金融创新，但是它和华尔街大亨们的金融创新不同——它是立足于人民的金融创新，是扎根于中国大地的金融创新。在课堂上，我也被老师的理想主义深深打动。的确，金融从业者们不应当以个人利益为中心，盲目涌向北上广深，而应当到祖国真正需要他们的地方去，投身于一个个发展困难的市县，去服务人民与社会，实现自身的价值。正如袁隆平爷爷那样，把论文写在大地上，用汗水来书写祖国的盛世华章。

修身、齐家、治国、平天下，金融工程的理念贯穿我们生活与社会的方方面面。经世济民，以安天下；大道笃行，心系苍生。不染于淤泥，超然于物欲；以理论指导实践，以实践创造幸福——这才是“真正的金融”，我苦苦寻觅的结果。我们每个人都应有这样的理想，坚定且真实；我们每个人都应有这样的行动，无怨又无悔。

从他的短文中，我们既可以看到学生在实践中的感悟，也可以看到他在课程上的认识。

从实践来看，他不仅看到了金融工程是农户权益的卫士，而且看到了金融工程是企业发展的保障。

从课程来看，他不仅认识到金融工程充满了生活的哲学与艺术，而且发现金融工程更是新时代的强国之路。

我记得自己为学生们讲第一节课时告诉他们：“当你们第一次走进这个课堂时，你们可能还不知道这门课程到底要干什么，但是，当你们走出这个课堂的那一天，我只希望达到一个目的，那就是我要听见你们的脚步把脚下的大地敲打得咚咚直响，那是因为你们的肩头已经有了责任，已经有了使命!”

今天，在这学期的课程快要结束时，我听到了同学们在课堂上的汇报，我看到了同学们写下的这些心得体会，我明白了，我的目的达到了！我们课堂上三位老师的目的全达到了!

得天下英才而育之，在珞珈山这片秀美的山水之间得天下英才而育之，不亦乐乎!

叶永刚
2022 年 12 月 11 日
于珞珈山

最后的总结

这门课程就要讲完了。

按照常理，讲到这里需要总结了。

不能不总结，也不想按常规来总结。

我在课程之前曾经对同学们讲过，我希望大家这学期的课程听下来，即使不记笔记，很多关键性的内容，也会刻骨铭心，成为生命中的一个重要组成部分，永远都遗忘不了。

有哪些这样的内容呢？

1. 金融工程是一门教你如何念好“三字经”的学问。这三字就是“借、还、赚”。

2. 金融工程的培养目标是要造就一群“屎壳郎”。

3. 金融工程的法宝就是要“一手抓三条鱼”。

4. 金融工程套利图既是“一点论”，也是“两点论”，还是“三点论”，更是“系统论”。

5. 金融工程的方法论就是“A 点论”“B 点论”和“C 点论”。

6. 金融工程“工具论”的奥妙就是“三位一体”。

7. 金融工程“公司论”的要领就是将公司也看作一种“工具”。

8. 金融工程“政府论”的关键就在于将政府看作一种公司。

9. 金融工程的“工程化”就在于资源资产化、资产资金化、资金产业化、产业全球化、全球产业金融风险管理系统化。

10. 实现了金融工程的“工程化”就可以实现从金融到经济的经济工程化，就可以实现中国式的现代化。

讲完了这 10 句话，我问大家：“这 10 句话，大家理解起来难吗？”

同学们回答：“不难！”

我又问：“你们能记住吗？”

同学们继续回答：“能记住！”

我最后说："那我就可以放心了！本学期课程完全达到预期目标了，谢谢，谢谢同学们！"

课堂上响起了热烈的掌声！

叶永刚

2022 年 11 月 8 日

于珞珈山

第十章 10

教学心得与感想

关于教学心得与感悟

——珞珈山课堂随想之九

我在这里写下的，是我这辈子教学的心得和感想。

我之所以要将它们写下来，一是要对我这些年在教学中的心得进行回忆和梳理；二是想将这些内容留给后来人，使其在日后的教学和学习中能有所启迪和收获。尽管这些文字只是过往生活的小结和片段，但对我来说，是难以忘怀的记忆和珍宝！起码，它们会在我的思想上，永永远远，闪闪发亮！

叶永刚

2024 年 2 月 13 日

于珞珈山

呛水法

儿子小时候，我带着他到游泳馆学游泳，学了好长时间都没多大长进。

有一天，游泳馆的一位教练走过来，看了儿子的情况后，告诉我说："我来教教他吧。"

他把我的儿子提起来，对他说："胆子大起来，呛口水就好了。"

然后，他将儿子朝深水区一扔，儿子大叫一声，呛了一口水，双手拼命往上爬，终于爬上水面。

教练笑着对我说："你看看，他会了！"

后来我又想起自己的游泳经历。

我从小在农村长大。在农村，我们将游泳叫作玩水。

我们那个村子总共20多户人家。村子周围有多个池塘，平均下来每户人家都有3~5个小孩。由于小孩生性好水，几乎每年都有小孩溺水而亡，我家就有一个小弟弟，长到3岁，胖乎乎的，可爱极了，结果掉进池塘溺亡了。大人们整天在地里忙活，顾不上照看这么多孩子，只有一个死办法，就是不让自己的孩子玩水。

但是，我们这些小男孩管不了那么多的道理和危险，仍然背着大人们偷偷下水，钻进池塘，呛口水，爬上来就活着，就会玩水了。没爬上来，就活不成了，留下永远的遗憾和家里人的眼泪和悲伤。

还是城里孩子好啊，可以到游泳馆去学，可以有教练用这种呛水法教他们。

正因为我自己因呛水法而学会了玩水，正因为我的儿子因呛水法学会了游泳，所以，在我的教学生涯中，我总是尝试着用呛水法去教学生们。

我会让学生们去读一些读不懂的书籍，我会在课堂上提出一些超出他们现有水平的专业问题，我会让他们在课堂上对各种文献大胆地去分析、去思考，甚至去怀疑。

这不是一种呛水法吗？这种呛水法有百利而无一害，有我们这些老师在他们身边站着呢！当他们"呛"得面红耳赤，甚至目瞪口呆之后，我们再告诉他们不知道的东西，让他们恍然大悟，醍醐灌顶。

这不就是让他们呛了一口水之后，爬上水面来了吗？

叶永刚
2024 年 2 月 13 日
于珞珈山

点火法

我从小在农村长大，每年到了水冷草枯的季节时，总喜欢跑到田野上，点起一把又一把的野火，让它们在田野上熊熊燃烧。

后来上了大学，每年冬天回家过年，我也会跑到田野上点野火，找回儿时放野火的激情和快乐。

再后来留校教书，当上了大学老师，也没有忘记将这种点野火的方法，用到教书带学生上来。

开始当老师，总是更多想到自己，想到自己如何备课，如何讲好课。到后来，教书的时间长了，更多的是想学生，想到如何让学生们更好理解和接受我所讲的课堂内容。再到后来，我渐渐明白了，作为一个教师，更重要的不是教给他们知识，而是要教他们做人，做一个心中有他人的人，做一个能够学好书本让更多的人幸福的人。

这个时候，我又想起了过去放野火的情景。我想到作为一个教师，当我们走进课堂，捧着教材时，首先，不是急于教授书本上的知识，而是要在学生们的心中点燃一把火，一把希望之火，一把理想之火。让这把希望之火和理想之火在他们心中一直燃烧。其次，才是翻开课本，告诉他们书本上的知识。

我常常在想，最终判断我们的教学效果的目的标准是什么，难道仅是学生们的考试成绩吗？难道不应该看一看学生们日后的成长吗？

我个人认为，如果我们教过的每一个学生，即使在生命走到终点时，还燃烧着我们给他们点燃的那一把烈火，那把希望之火，那把理想之火，他们还在想着要去做他们想做的事，要去思考他们想思考的问题，要去帮助他们需要帮助的人，那么，我们作为一个教师就成功了，就真正成功了！

叶永刚

2024 年 2 月 14 日

于珞珈山

开窗法

春天的一个早晨，珞珈山阳光灿灿、百鸟争喧！

我迈着轻快的步伐，穿过树林，踏过草坪，走进宽敞的教室。

教室里坐满了同学们，他们看着我走进教室，走上讲台，眼中充满着期待的目光。

我扫视了一下教室，发现教室里的窗帘紧闭。我从讲台上走下来，走过同学们的桌椅，走近窗户，打开窗帘，让窗外金色的阳光透过窗户照进教室，一下子整个屋子透亮透亮的。

我重新走上讲台，告诉大家，我想起了诗人郭沫若写过的一首小诗，叫作《箱根即景》：红叶经霜久，依然恋故枝。开窗闻晓鸟，俯首拾新诗。

今天在课前，就以此诗送给大家吧。

很快我就发现，不仅教室里充满了阳光，而且每一个同学的脸上都充满了阳光，我相信此时此刻，每一个同学的心里，一定也充满了阳光。

我继续对同学们讲："也许这学期的课程结束，我很难对你们的考试成绩负责，但是起码我可以对你们的心情负责，我希望你们每一个人的心里，永远充满阳光。"

我将自己的这种教学方法叫作开窗法，或者阳光教学法。

我每年招收新的研究生，第一次走进课堂，我一定会讲清楚我对同学们的期望。我首先期望的不是他们学到多少知识，而是他们永远有一个阳光的心态。并且，要求他们用这种心态去感染别人，去感染更多的人。

我从开始带研究生的第一天，就坚持每一个星期的周三晚上和周日晚上和他们开见面会，这种见面会不仅可以了解他们的学习情况，而且可以观察他们的心理状态。

我总认为，人从本质上讲是一种社会性动物。他需要在人与人的关系中找到认同感，这种见面会，给大家提供了一场交流感情的场景，特别是交流师生感情的一种场景。有了这种场景，同学们就会有了亲近感和温馨感，就不会感到压抑和孤独。他们的心里就会充满阳光。

就我的主观愿望而言，我不希望我的任何一个研究生和在课堂上听我讲课的学生，在今后的人生道路上会患精神疾病。我希望我的教学效果首先不是教给他知识，而是使他拥有人生的理想和战胜困难和疾病的力量。

因为，作为一个教师，我的人生阅历告诉我，如果我们的学生在人生的道路上精神层面出现了问题，很可能就会一事无成，我们教给他再多的书本知识都将无济于事。

也许这就叫作“寓教于乐”吧！

叶永刚

2024 年 2 月 14 日

于珞珈山

创新法

当我在武汉大学成为谭崇台先生的博士研究生时，他给我上的第一课使我终生难忘。

他将我们新招进来的几个博士研究生聚在一起，在教室里给我们讲第一课。他说："古人告诉我们，苟日新，日日新，又日新，希望你们每一个人从现在起，能够自己自觉地用这句话要求自己，做到天天严格要求自己，不断地去学习新的知识，研究新的问题，做到日新月异，持之以恒！"

这是谭先生对我们的教诲，也是武汉大学的校训。武汉大学的校训是自强、弘毅、求是、拓新。这句话的意思就是拓新，谭先生是在用先贤的话语和武汉大学的校训教导我们和提醒我们。

在我后来的教学生涯中，我便自觉地去贯彻这种创新的教学方法和艺术。

我和金融系的老师们一起在武汉大学开创了一门通识课。这门课程的名称就称为"金融工程创新艺术"通识课。

有人曾说过："太阳底下没有新鲜事物。"但是别忘了，太阳底下毕竟存在着各种既有事物，将这些既有事物重新进行排列组合，不就成为新事物了吗？这不就是创新的思维方式吗？

正因如此，我们将"金融工程创新艺术"课程的基本内容概括成为一句话，叫作"一手抓三条鱼"。哪"三条鱼"呢？不就是风控、创新和盈利吗？我们把"创新"作为"三条鱼"中的哪一条不可忽视的"鱼儿"呢？

金融工程是如何创新的呢？金融工程的创新方法称为"积木分析法"，就像小孩堆积木一样，堆出各种各样的建筑设计产品来！

每一个金融产品和服务都是一个金融元素，将这种金融元素进行排列组合，不就构成了各种各样的金融创新工具了吗？

金融创新是这样，我们的教学活动创新不也可以这样吗？

对我们当老师的人来说，每一节课都是一件艺术品，都需要我们在上课之前进行认真的备课和设计。一旦我们走上讲台，面对学生，我们展示给他们的课堂内容，就应该是一件艺术精品。这件精品中，不仅有着金融工程的知识要点，而且有着我们精湛的教学艺术和对学生们的一片爱心和奉献精神！

我常常会想起“钱学森之问”，钱先生是多么希望我们能够培养出更多的创新人才来啊！如果我们努力运用这种创新思维和方法去培养我们的学生，也许中国的创新人才就会如雨后春笋一般涌现了。

叶永刚

2024 年 2 月 14 日

于珞珈山

品茶法

不知从什么时候开始，我喜欢上了茶叶，什么样的茶叶都喜欢喝，就像要吃饭喝水一样，离不开了。

后来，我在教学的过程中，刻意将这种爱好“传染”给学生们。

在武汉大学，我当上了博士生导师之后，每一年都要给博士研究生上课。由于博士生课堂比本科生和研究生课堂要小一些，所以我便有条件给这种小班一些“优待”了。

我每次给博士研究生班上课时都带上一种茶叶，让同学们在课前一边品尝一边讨论，开心一刻之后，再开始讲课。

每次品茶，我都会拿出不同种类的茶叶，要他们辨认这种茶叶和其他茶叶的相同性和相异性，还要他们谈一谈品茶的体会。

在这种品茶的过程中，我给他们强调三点：

其一，品茶可以品出一种人生哲学来，那就是一种苦乐观，茶叶有苦有甘，先苦而后甘。这就是一种带着普遍性的人生哲学。

其二，每一种茶叶除其共性之外，还具有个性。尽管每一种茶叶都有苦和甘，但是苦和甘的表现形式和程度是不一样的，这就构成了千姿百态的品味和口感。

其三，品茶不仅可以品出一种人生哲学，一种生活方式和态度，而且可以品出一种做学问的奥秘和诀窍。

“真的吗？”学生们都瞪大眼睛看着我。

当然是真的，我接下来告诉他们，等这学期的课程结束，你们就会明白了，我们的课程就是要给你们这些文献和各种理论，让你们既看到它们的相同点，又看到它们的不同点，这不就和品茶一样吗？

正因如此，这学期如果学生学会了喝茶，也就学会了一种幸福的生活方式，也就掌握了这学期课程的主要内容。

接下来，我请他们品茶，品完茶后，我开始给他们上课。连窗外树上的鸟儿都待在树上不走，站在那里叽叽喳喳地赞美着我们的课堂。

有一年，一位毕业多年的博士研究生来看我，专门给我捎来了一盒珍贵的茶叶，然后对我说："叶老师，我送给您这盒茶叶是为了感谢您当年在课堂上请我们品茶，正因为有了您那门课，我不仅养成了喝茶的习惯，而且您说的那些话让我一辈子受益无穷。"

叶永刚

2024 年 2 月 14 日

于珞珈山

吃苦法

在这个世界上，干任何一件像样的事情，都需要吃苦。正因如此，一个人吃的苦头与他成功的概率成正比的关系。

为了培养学生吃苦耐劳的精神，我给自己带的研究生们提出了两个响亮的口号，一个叫作“夏练三伏”，另一个为“冬练三九”。

学校每年有两个假期：寒假和暑假。寒假的时间往往要短一些，一个月左右。暑假的时间要长一些，两个月左右。

我每年和学生们提前打好招呼，要求他们每一个假期留出一半时间来进行学习和研究。这段时间，由我来组织他们开展各种学术和研究活动。

到了寒假，其他学生都放假了，我却组织他们讨论并研究我们选定的课题，越是天气寒冷，就越是加强思想动员工作，告诉他们：“梅花欢喜漫天雪，冻死苍蝇未足奇。”

到了暑假，学校往往出于节省成本考虑，关闭了教室和办公室的空调。走进研究室，就会满头大汗。这个时候，我就鼓励他们：“心静自然凉。”可是这难耐的夏天，心静得下来吗？凉得下来吗？当然不行！

于是，我们提上电扇，放上凉开水，一边工作，一边吹电扇、喝凉开水，让自己索性汗流浃背，痛快淋漓！

我记得在我所带领的学生中，有一个名叫熊志刚的博士研究生，那一年夏天，他给我们的研究团队做了两件事情，一是将他家用的一个大电扇给我们提进了研究室，二是每天进研究室给我们送上一大碗茶。有了这两样东西，我们的暑期研究活动就进行得顺利多了。

后来，同学们将这种学习和培养方法称为“压力测试法”。压力测试是我们金融风险管理的一种研究方法，它是要研究在极端风险状态下，我们的经营主体所能承受这种风险的能力，连极端风险我们都能承受，我们还有什么可怕的呢？

当然，金融工程中有一种规则叫作“高风险，高收益”。每天同学们干完了这些活之后，我总会给他们尽量多发一些课外补偿费，让他们干完活能够高高兴兴地去过他们所剩下的那一半假期！

一届又一届的学生就这样从我身边毕业了，而我们彼此都留下了一个又一个难忘怀的记忆！

写到这里，我又想起那一句中国的俗语，“不受苦中苦，难为人上人”。此言极是！

叶永刚

2024年2月14日

于珞珈山

挫折法

我有一个名叫韩志广的学生，出差到武汉，专程回到武汉大学来看望我。他的来访，让我想起了一段往事。

有一年，我带领着我的一帮学生组成课题组，申报一个中国教育部的重大研究项目。

为了提高申报的成功率，我们做了充分的准备工作，整整忙乎了半年，然后我们在课题申报后就一直等啊等啊，期待着能够成功的消息。

然而等来的，却是一个坏消息：失败了。所有的人都感受到了深深的打击，一个个垂头丧气！

我在这天晚上，将他们全部带到了教室外面。

我指着天上的月亮对他们说："你们看看吧，天上的月亮今夜不圆满，缺损了一部分，你们记得苏轼的诗句吧，'月有阴晴圆缺，人有悲欢离合，此事古难全'。是的，我们这次受到挫折了，但是我们不怕，我们一定会越挫越勇！我们还要再战，今年失败了，明年再干，明年失败了，后年再干，一直干到申报成功！今夜我们站在这里，看到的是一个缺损的月亮。明年这个时候，我们还要来到这里，还要再来看这个月亮，我们一定能看到，它会是圆的！"

听了我说的一番话，大家重新回到教室，为下一年的课题申报做准备了。有一个同学这时默默地走到黑板前，在上面画了一幅漫画。他画了一只蜗牛，正向上攀爬着，然后，他在这只蜗牛旁写下了一行字：在困难和挫折面前，我们永远面带着微笑！

这个画漫画的同学，就是这位回学校来看我的韩志广！

在后来的日子里，我不仅带着自己的学生，拿下教育部的重大项目，而且带出了这样一批不怕困难，并且能够做到迎难而上的好学生。

我没有食言，拿下教育部重大项目的那一天，我又带着他们去看教室外的月亮，果然月亮是圆的，而且很大很大、很亮很亮！

叶永刚

2024年2月17日

于新疆博乐

爆破法

有人说过这样一句话，叫作“昨天是为今天准备的，今天是为明天准备的”！

诚然！

我在上大学之前，因为生在农村，长在农村，不仅种过田、插过秧、割过谷，而且在当年的农业学大寨过程中，还开山造田，当过爆破手呢！

当爆破手是一件危险活儿，一般人干不了。因为我当年年轻力壮，所以生产队长常常将这种活儿交给我来做。

我们要对付的，往往就是那种硬石岗。先在坚硬的石板上凿出一个深坑，然后放进炸药、雷管和导火索。填充好洞口之后，就吹哨子，让工地上的人们躲开。我们接着点燃香烟，并用烟火点燃导火索。再接下来，我们撒腿就跑。

直到爆炸过后，我们再聚拢过来。用铁镐和钢钎撬开被炸药爆破开的裂缝。一块块的硬石板就这样被我们撬开了。水源就这样开通了，梯田就这样形成了。

没想到等我当上大学老师之后，这些办法却被我用在教学和科研上了。

我拿来厚厚的一本外文原版教材告诉课题组的同学们：“不瞒你们说，这本书很难。但是，在我们的课题研究中，非得啃下来不可！”

接下来，我将这部书拆分开来，每人手中一部分，让大家下去准备。到下次上课时，我要每人将手中的内容进行讲解，接下来进行讨论。

结果，厚厚的一本书很快就这样被我们啃下来了！

搞完了一本，我们再搞第二本、第三本……

就这样，我们将与该课题相关的前沿文献和书籍很快就攻克下来了。这就为课题的研究打下了一个坚实的基础。

我后来告诉同学们，“这就是我过去在农村学到的爆破法”。再坚硬的岩石先用炸药炸开一条条的石缝，再用手中的工具将这些石缝撬开形成碎块。学习和研究也是这样的，我们总会遇到各种各样的困难和障碍，但是我们不怕，只要我们发挥大家的聪明才智，不畏困难，群策群力，再大的困难，我们也可以做到不在话下！

大家纷纷表示赞同。

叶永刚
2024 年 2 月 14 日
于珞珈山

吃亏法

“吃亏是福!”

我只要找到合适的机会，我就会向学生们灌输这种思想，以此来对付时下流行的“精致的利己主义”!

“为什么说吃亏是福呢?”学生们问我。

“吃亏初看起来是吃亏了，但仔细一想，其实并没有吃亏。不仅没有吃亏，而且有福气，甚至还会有大福气!”

我接下来给同学们讲了以下两条理由：

其一，吃亏了，就能干了，就有本事了。有本事了，做事的胆子就大了。艺高人胆大，别人做不了的事情你就可以干下来了。

其二，吃亏了，和周围人的关系就好相处了。做任何像样的事情，没人帮助是很难做成的，俗话说“能吃亏，在一堆”，说的就是这个意思。

除给学生们讲清楚这些道理之外，我们当老师的还要以身作则，成为学生们的榜样。老师不怕吃亏，学生们看在眼里，慢慢地，他们就会心服口服了。

当然，从研究团队管理的角度来看，仅给大家说理是不够的，还要尽可能从激励措施上做好管理工作。

从管理工作来看，需要明确以下四个问题：

1. 干什么?
2. 怎么干?
3. 谁来干?
4. 干下来后如何解决责权利相对应的激励问题。

就学校研究团队的管理而言，这种费用分配的激励措施是有限的，因此还要辅之以更多精神层面上的激励。

这就成为管理学上的要求了。

叶永刚
2024 年 2 月 14 日
于珞珈山

重槌法

响鼓还须重槌敲。此言诚然！

在课堂上，对于课程中的教学内容，越是重要的内容，越是要用重槌敲打，甚至要反复敲打。要让学生们不用记笔记，也能记牢，而且一辈子都忘不掉。

我在这里想起了香奈儿香水品牌的营销办法。他们称为“耳光法”。那就是面对自己的营销对象，他们要让自己的品牌像一记响亮的耳光，狠狠地抽打在顾客的脸上，让它火辣辣的疼痛，永远都会刻骨铭心！

我们的教师站在讲台上，面对学生们上课，何尝不是如此呢？

在我们的金融工程课程中，我们会给学生们讲金融工程套利图。

为了让学生们记住这个图形，我不仅在黑板上画上这个图形，而且要大家回忆一下，自己以前是否见过它。

学生们首先就得去想一想，自己是否见过。

等他们想得差不多了，我就开始讲这个图形的重要性了。

我先从哲学的角度讲它的重要性。我不仅在这里讲到了马克思主义的哲学，而且讲到了中国传统哲学。

我接下来从经济学的视角讲它的意义。我在这里讲到 A 点，讲到经济学的均衡分析和成本收益分析。

我还从金融工程方法论的层面讲它的主要内容。我告诉学生们，这里的 C 点体现了风控前提，这里的 B 点强调了创新特色，而这里的 A 点强调了盈利目的。

第一节课讲完了。我告诉同学们：“在本学期这门课程的每一个章节，我们都会讲到这个图形，并且运用这个图形体现的基本原理和方法，分析我们的金融工具、我们的公司和我们的政府。”

于是，我说到做到。在随后的课程中，我总会有意识地提醒大家记住它的核心思想和内容。

在一学期的课程结束的时候，我最后给大家开了个玩笑：“同学们，我深信即使有一天，叶老师离开了这个世界，这个图形还会顽强地出现在这个课堂上，让后来的同学们继续玩赏！因为每一个学习金融工程的人，都会通过了解它的作用，少走好多好多的弯路！”

你想想看，上过这门课的同学们，还会忘掉这个图形吗？

叶永刚

2024 年 2 月 15 日

于珞珈山

励志法

每一年，当我第一次面对新招收的本科生和研究生时，我总是不厌其烦地给他们讲以下几句话：

“同学们，我对你们提以下几点希望或是要求：其一，要有阳光的心态；其二，要有凌云壮志；其三，要做到吃苦耐劳。这三点你们能够听明白吧。这三点几乎是老生常谈的过时货了，但是说起来容易做起来难。你们如果真的做到了这三点，那么离成功也就不远了！”

接下来，我会激励他们，会给他们讲自己的人生体会。

我告诉他们，有了志气，才有了动力和方向。但是，志气从何而来呢？

他们几乎傻眼了。

我对他们说：“志气从使命感而来。一个人有了使命感便会有了志气。我个人认为，所有人来到这个世界，都是带着使命来的。人与人的差别，并非在于是否具备使命，而在于他是否意识到自己的使命！这种意识也可以叫作‘觉悟’。觉悟与否，差别极大。觉悟早晚，差别同样很大。有的人，年轻时便有了觉悟，有的人一辈子都未能觉悟。”

我接着讲到了使命的多样性，讲到了个人的使命和社会的使命。

我给他们讲了一个我在报刊上看到的故事：有一个老太婆活了九十多岁，依然身体硬朗，背不驼，耳不聋，眼不花，挑水做饭，样样都能来。一位记者找到她，要她讲一讲自己的养生之道。

老人告诉记者：“我没有任何养生之道，就是想着一件事，我不能倒下。我要是倒下了，我多年瘫痪在床上的儿子就活不成了！”

这就是一个老人的使命感，正是因为有了这种使命感，所以她九十多岁了还在顽强地生活着、劳动着！

这个动人的故事讲的只是个人的使命感。一个人除个人使命感之外，还有社会使命感。

最后，我向他们发问：

你们知道你们为什么会上武汉大学吗？为什么来学金融工程？为什么来听叶老师讲金融工程？难道不是你们有一种使命感，要成为一个出色的金融工程师而为更多人造福吗？

同学们点头了？

叶永刚

2024 年 2 月 15 日

于珞珈山

最后的赠言

同学们，今天是最后一课了。

在上完了本学期所有的课程内容之后，我想给同学们留下最后的赠言。

最后的赠言是什么呢？赠言无外就是我最想说的话吧。那么，我最想说的到底是什么呢？

你们一定会猜想，那不就是对我们最美好的祝愿吗？您不是要我们去攀登人生的三座高峰吗？我们还牢记着呢！那不就是事业的高峰、生命的高峰和品德的高峰吗？

我摇了摇头。

你们也许还会猜想，那不就是要成为一个出色的金融工程师吗？您常常告诉我们，出色的金融工程师就是一个出色的渔民，他需要“一手抓三条鱼”。

我又摇了摇头。

同学们也许会继续猜想：那不就是要我们解决金融与经济的关系问题吗？即钱从哪来、钱往哪里去和钱的风险如何控制的问题。

我依然没点头。同学们迷惑了。

我慢慢地加重了我的语气，告诉大家：“同学们，我最后要赠送给大家的一句话：永远别忘了，守住你们的职业道德底线！”

也许你们还会问我：“叶老师，什么是职业道德？如何守住这道底线？”

我给你们讲一个故事。

那一年，我在美国康奈尔大学做访问学者。在这所大学商学院，我听该院的理事长给学生们讲职业道德课。他说，所谓职业道德，就是当你有可能做坏事并且别人也无法发现你时，你也不去做坏事。

我觉得这位理事长的讲话言之有理。

中国传统文化中有一个字来描写它：戒！

金融是一把双刃剑，金融行业是一个风险行业，甚至是一个高风险行业！它既可以成就你，也有可能会毁掉你！

很久以前，一位银行的领导告诉我："我们的银行开着两扇门，一扇门通向办公室，一扇门通向牢房！"这句话我永远都忘不掉。

明白了什么是职业道德，接下来大家还会问我，如何守住这道底线？中国传统文化中还有另一个字：修！我们不仅要修身修心，更要修行！我们的文化还教育我们，君子慎独，人生要如临深渊，如履薄冰，须得每日三省吾身。

同学们，记住了吗？叶老师在课堂上教给你们的最后那句话：守住你们的职业道德底线！

守住了，你们这一辈子就成功了，守不住，你们就危险了！

叶永刚

2024 年 2 月 15 日

于珞珈山

站在珞珈山庄楼前

每次，我走近珞珈山庄，总站在楼前，抬头凝望，沉思默想。

也许，同学们会说，这不就一座酒楼吗？有什么值得我们驻足张望的呢？难道它与我们的金融工程课程有什么联系吗？

的确有联系！

2002年的春天，我们在这座大楼中，举办了第一次中国金融工程学科建设与发展的论坛。

在这次论坛上，经中国教育部批准的第一批率先试办金融工程专业的五个学校的代表们齐聚在这里，热烈讨论中国如何创办该专业的各个重大问题。

正是在这次会议上，我们讨论了国外金融工程学科产生和发展的现状，探讨了中国金融工程学发展的道路和方向。

正是在这次会议上，我们初步确定了金融工程的核心课程，并且确定了武汉大学出版社作为这一批教材的出版单位。同时，讨论了各个新教材的主要内容，并确定了这些教材的编写与分工。

正是在这次会议上，我们建立了金融工程学科的联系制度，设立了该学科的秘书处，并确定每年举办一次年会。

正是在这次会议上，我们确定了中国金融工程宏观与微观相统一的方向。大家明确表示，中国的经济学走到哪里，中国的金融工程也就走到哪里。

正是在这次会议上，我们五个高校的代表们一致同意，从2002年秋季开始，我们就招收中国金融工程新生，让他们当年就能顺利入学。

同学们，明白了吧。正是由于这次会议，所以中国这片土地上，才真正诞生了一个崭新的专业：金融工程！

时间过得真快，二十多年弹指一挥间！

然而，从那次会议到现在，中国金融工程学科从产生到发展，克服重重困难，在一个并不太长的时期里，取得了卓越的成绩，创造了一个又一个新高度，并充满信心和希望地走向辉煌！

在第一个十年里，我们不仅逐步完善了我们的课程体系，而且符合中国的实际，走出了一条中国式的发展道路。

在第二个十年里，我们扩大了招生规模，壮大了我们的师资队伍，理论联系实际，为中国的改革开放出谋划策和保驾护航！

今年就是第二十个年头了。就在本月，我们就要召开第二十一届中国金融工程学年会了。在未来的十年计划中，我们将要使我们的金融工程学科进一步工程化、全球化和现代化！

站在这座大楼前，回首往事，展望前景，心潮起伏，信心十足……

同学们，现在你们明白了叶老师为什么要给你们讲这座大楼了吧！因为它是我们中国金融工程学科的诞生地。正因为有了它，才有了我们今天坐在这里学习的金融工程专业！我们要为自己能够坐在这里学习感到庆幸，感到骄傲，感到自豪！

同学们，巍巍珞珈，山高水长，金融工程，前程辉煌。为最强中国而读书，努力吧！

叶永刚

2022 年 11 月 6 日

于珞珈山

第十一章 11

教材《前言》集萃

关于教材“前言”集萃

——珞珈山课堂随想之十

我在这里先列出七种金融工程教材的“前言”清单。

1. 武汉大学出版社《金融工程概论》第一版前言；
2. 武汉大学出版社《金融工程概论》第二版前言；
3. 武汉大学出版社《金融工程概论》第三版前言；
4. 东北财经大学《金融工程学》第一版前言；
5. 东北财经大学《金融工程学》第二版前言；
6. 东北财经大学《金融工程学》第三版前言；
7. 高等教育出版社《金融工程》前言。

为什么我要在这里请大家阅读这些教材的“前言”呢?

其一，因为这些“前言”见证了中国金融工程的产生、发展和壮大过程；

其二，因为这些“前言”概括了金融工程的精髓和主要内容；

其三，因为这些“前言”体现了研究团队的力量，浸透了集体的智慧和汗水；

其四，因为这些“前言”展现了中国金融工程的美好未来和光辉前程；

其五，因为这些“前言”记录了我和老师们、同学们在一起朝夕相伴和奋笔疾书的难忘岁月和时光!

武汉大学出版社《金融工程概论》第一版前言

写完书稿的最后一页，我感到如释重负。

1996 至 1997 年，我在美国康奈尔大学研修金融工程。1997 年下半年回国，我用约翰·马歇尔和维普尔·班赛尔的英文原版教材给金融专业的研究生和 MBA 的学生讲授这门课程。1998 年上半年，我又尝试着用这本教材给本科高年级学生讲授。1998 年下半年我先后给建设银行总行管理干部本科生班和研究生班开设了这门课，用的也是该教材。

在教学的过程中，我迫切感到需要有一本中国人自己写的，而且是联系中国实际来写的金融工程教材。但这个任务对我个人来说，太艰巨了。我们的研究生们在学习了这门课程后，极力鼓励并踊跃参加来做这项工作。于是，从 1998 年开始，我们便着手编写这本书。至目前为止，总算是如愿以偿。

从本书的结构看，我们经过反复比较后，基本上采用了约翰·马歇尔和维普尔·班赛尔的总体框架，即全书分为四大部分。第一大部分为概论，第二大部分为理论工具，第三大部分为实体工具，第四大部分为金融策略。尽管大的框架与这个版本基本相同，但对具体内容和章节的安排做了很大的调整和修改。在概论部分，我们增加了对金融工程方法论的分析。在理论部分，我们主要从金融工程的目的出发做出安排。金融工程最重要的目的是盈利，并尽可能地减少风险。因此，理论部分主要分析了现金流、收益和风险方面的内容。

在第三部分，我们主要论述了各种实体金融工具。在这部分的写作中，我们尽可能把金融工具的分析与中国的金融实践相结合。

在第四部分，我们仅就金融工程中使用最为普遍的几种策略做了介绍，即资产负债管理、公司重组与公司避税理财。

在章节的安排上，我们尽可能地考虑了教学的需要。每一章都安排了小结、参考阅读、练习与思考。

本书作为一本概论性的教材，并没有涉及很多高深的数学问题。我们将部分公式的推导放在附录中。读者即使跳过这些数学公式，也并不影响对本书基本内容的理解和把握。

作为本书的辅助内容，我们还编写了一本《金融工程：案例与评析》。其中的例子，全部来源于国内金融部门的实践。教师们在讲解本书内容时，可将两者结合使用。

本书的写作凝聚着集体的力量和智慧。叶永刚、郑康彬负责本书的策划、设计与总纂，熊和平负责本书的各种协调工作。此外，郑康彬还负责收集国外有关资料并提出具体指导意见。本书写作成员及其内容安排如下：

叶永刚：第一章、第二章；熊和平：第三章、第四章；余志勇：第五章；李源海：第六章、第十三章；张英：第七章、第十七章；刘俊宇：第八章、第十八章、第二十章；黄卓立：第九章、第十章、第十一章、第十二章；闵赛金：第十四章、第十五章、第十六章；胡耀亭：第十九章、第二十一章。

我们忘不了这本书写作过程中的日日夜夜，忘不了这本书的内容在课堂讨论中的热烈气氛和动人场面，忘不了对这本书的问世给予了热情关怀和倾注了辛勤汗水的每一个人。我们诚恳地希望读者对这本书提出宝贵的批评和意见。

叶永刚
1999 年 7 月 12 日
于珞珈山

武汉大学出版社《金融工程概论》第二版前言

在赤日炎炎的盛夏，在美丽的珞珈山水之间，我伏在案头，奋笔书写第二版前言。

我的心情，像窗外的空气一样，热浪滚滚。我记得1999年7月12日，我在珞珈山写下了第一版的前言。时隔十年，我又坐在这里，写着第二版的前言。

十年，在历史的长河中，只是短暂的一瞬。可是，我们的金融工程，在华夏大地发生了极大的变化。

1996年至1997年，我在美国康奈尔大学进修。那时，金融工程在美国刚刚兴起。1997年年底，我在美国将所有能收集到的关于金融工程的教材和文献都带回了武汉大学。当年，我就在武汉大学开设了这门课程。

2001年年底，我们向教育部写了申请报告，建议在中国高校的本科生中开设该学科。教育部为此专门组织了专家论证会。专家们通过无记名投票，一致通过了该报告。2002年，武汉大学和首批试办的其他高校一起，招收了中国高校的第一批金融工程本科生。

第一批金融工程的本科生诞生之时，国内外有不少人对此持批评和怀疑态度，认为中国的本科生难以学好本专业。7年过去了，中国教育部最近公布了一项大学本科生的就业调查结果，在全国就业最好的60个本科专业中，金融工程名列榜首。

短短的7年时间，金融工程专业不仅得到了全国高校的认同，而且受到了全社会的普遍欢迎。中国金融工程学科的开设，为中国的金融发展培养了一批又一批急需人才。我们不仅培养了本科生，而且培养了硕士生和博士生。

我们在金融工程的教学过程中，想到了教材的修订。我们的修订工作开始于2004年年初。直到今天，我们才完成了此项工作。

这次修订，我们做了较大的修改。如果说在第一版中，我们对金融工程的理解，主要限于工具论层面的话，那么，在这次修订中，我们则将金融工程拓展到了结构论的层面。金融工程不仅要解决金融工具的定价与创新，而且要在更广阔的视野上解决金融与财务的结构优化问题。正因如此，我们在本版中加进了金融风险管理和实物期权等方面的内容。

由于考虑到金融工程与其他课程的交叉问题，我们在这次修订中做了大量内容的删减。我们删掉了大量与投资学、固定收入证券、公司金融和金融经济学相同的内容。

即使是原有的章节，我们也做了较大的修改。我们希望修订后的教材，能够以一个全新的面貌，出现在读者面前。

全书由三个部分构成。第一编金融工程概述由第一章和第二章组成；第二编金融工具由第三章至第八章组成；第三编金融风险由第九章至第十四章组成。叶永刚、郑康彬、熊和平、彭红枫负责本书的修订、方案设计及组织协调工作。叶永刚、彭红枫写作第一章、第二章；马黎写作第三章和第六章；宋凌峰写作第四章和第十二章；胡燕写作第五章；彭红枫、陈娟写作第七章和第十章；黄河写作第八章和第九章；熊和平写作第十一章；赵征写作第十三章；田玲写作第十四章。

尽管全书已经做了较大的调整和修改，我们仍然感到留下了很多不足和遗憾。我们诚恳地希望读者给我们提出宝贵意见。我们打算在该教材的下一版中，做出更为全面和系统的修订。

在炎热的盛夏，我想起了为这本书的初版做出贡献的那些作者。因此，在这本书中，我们特意保留了第一版的前言。在第一版的前言中，记载了他们的姓名和汗水。

我想起了那些课堂讲授和讨论的日子。无数的学生和教师对这本教材的使用和修订提出了宝贵的建议。没有他们，也就没有这版教材的新面貌。

我想起为这本教材的出版工作做出巨大贡献的刘爱松老师、范绪泉老师、沈建英老师、支笛老师和马重慧老师等。没有他们的远见卓识和辛勤劳动，也就没有这本教材的及时问世，甚至也就没有我们金融工程课程建设和学科发展的崭新局面。

亲爱的读者，当你们手中捧着本书第二版的时候，我们正在准备本书的第三版，正在设想本书的第四版、第五版……愿这本书和这门课程，给你带来的不仅是知识，还有智慧、事业……

叶永刚

2009 年 7 月

于珞珈山

武汉大学出版社《金融工程概论》第三版前言

四月天的珞珈山，刚刚在课堂上我给学生讲完了金融工程课，穿过山坡上浓绿的树林，回到东湖之畔的办公室，开始了第三版前言的写作。

时间，过得真快！1996年秋天，我去美国康奈尔大学研修金融工程到今天坐在这里回想，一晃就是21年过去了！我们的《金融工程概论》，从1999年7月12日写作第一版前言至今，已经经历了18个春秋，现在已在写作第三版的前言了！

1999年，当我们在出版第一本中国人在中国的土地上写出的金融工程的教材时，我们还很难跳出国外当时的框架，即主要是“工具论”的金融工程。等到我们在2009年出版第二版《金融工程概论》时，我们已经从“工具论”突破到“结构论”。但是，我们在第二版的“结构论”主要是“微观结构论”。今天我们坐在珞珈山水之间写作的是第三版《金融工程概论》的前言，这本书已经从“微观结构论”突破到“宏观结构论”了。这个突破意味着我们在中国金融工程的教材编写上，正在走我们自己的道路，正在走着一条将宏观金融工程与微观金融工程相统一的道路。

宏观金融工程与微观金融工程统一的基础在哪里？

我们认为在于方法论。金融工程的基本方法是无套利分析法。在“工具论”层面，任何一种金融工具或金融资产都是在运用无套利分析法，到了“微观结构论”层面，我们的研究对象从“工具”转移到“公司”。公司有资产负债表，有净资产，公司就是一个大资产。公司的资产负债表提供了“微观结构论”资产定价的基础，即无套利分析法的基础。从这个意义上来说，“公司”和“工具”全都是“资产”。我们再来看“宏观结构论”，“宏观结构论”研究的是政府，是将政府的“有形的手”与市场的“无形的手”结合起来配置金融资源的金融工程。我们在“宏观结构论”中引用了宏观资产负债表，有了宏观资产负债表，宏观问题的分析就微观化了！政府就不仅有“财政工程”，而且有了“财务工程”了，政府的“财务工程”就是我们所指的“宏观金融工程”。中国的金融工程学科发展和教材建设，就在全人类金融工程发展史上，翻开新的一页了！

于是，在这一版的修订过程中，我们除修订原有的14章内容之外，我们还写出了第十五章和第十六章。第十五章宏观资产负债表，由项婉玉写作；第十六章宏观经济资本管理，由吴良顺完成。

我们之所以按照这种框架来编写，是因为中国的金融工程学科本来就是一种宏观和微观相结合的“大金融”。经济学走到哪里，金融学就走到哪里。金融工程为什么就不应该走到那里呢？只有这样，我们的金融工程才能跟上经济学科和金融学科建设的步伐，我们培养出来的金融工程人才才能具有更为广阔的专业视野和能力。我们何乐而不为呢？

尽管我们在第三版的编写中做出了新的调整和修订，我们还是存在很多的缺陷和不足。我们还需要在今后的教学和科研过程中不断地完善和修改。

每次撰写这本教材的前言，总是感慨颇多，感激之情油然而生。我们感谢自己的国家有了一个改革开放的时代，使我们能够深造并能够在自己的国家建设自己的金融工程学科！我们感谢武汉大学出版社的各位领导和老师对这本教材的辛勤栽培和呵护，我们感谢参加编写的各位老师和同学所付出的艰苦劳动和智慧，我们感谢为这本书的出版提供无私帮助的每一个人！

写到这里，我拉开窗帘。顿时，鸟语花香像潮水一般从窗外涌入。好一幅美丽的春光图啊！我们金融工程学科建设和人才建设不也是这样吗？愿我们的第三版《金融工程概论》，为这满园的春色再奉献出一朵艳丽的鲜花吧！

叶永刚

2017年4月18日

于珞珈山

东北财经大学《金融工程学》第一版前言

在美丽的珞珈山，在一个阳光灿烂的日子里，我伏在窗前，奋笔疾书。要说的话真是太多太多了。

我要说，金融工程不是数学，不是计算机，也不是真正意义上的工程。它的本质是金融和财务。它是要创造性地运用各种金融工具和策略来解决金融和财务问题。在它需要计算机和数学时，就毫不客气地使用计算机和数学。在它不需要计算机和数学时，就毫不依恋地避开计算机和数学。懂数学和计算机的人，可以学习和运用金融工程。不懂数学和计算机的人，同样也可以学习和运用金融工程。金融工程是借用机械工程的概念。机械工程是将一个一个零部件构建成一个一个的机器，去脱粒、抽水、发电。而金融工程则是把一个一个的金融工具作为零部件去构造一个一个的解决金融财务问题的办法和方案。

我要说，金融工程偏爱的是那些具有创造性思维的人。记得有人在一本关于金融工程的著作中写道：桌子上放着一堆木头和一堆尼龙丝。第一个人走过桌子，看见的是木头和尼龙丝。第二个人走过桌子，看见的是尼龙丝和木头。第三个人走过桌子，看见的既不是木头，也不是尼龙丝，而是一个网球拍子。第三个人是金融工程师。金融工程学揭示的是金融创新的奥秘，它是要将每一个从事金融和财务活动的人，都培养成为金融工程师。在金融工程师眼里，所有的金融工具都是一个一个的音符，而金融工程师就是要将这些音符进行排列和组合，创造出赏心悦目而又层出不穷的旋律来。

我要说，我们面对的金融工程不只是一门课程，而是一个系统的课程体系。如果你真想成为一名金融工程师，那么你就先学习一门叫作“公司理财”的课程吧，这是金融工程的基础课程。“公司理财”是要教会你如何使公司的盈利变得更多，而这正是金融工程最直接的目的。

学完了“公司理财”的课程，你可以再读一本《金融市场学》的书籍。公司的财务活动是和金融市场密切相关的。

读完了《金融市场学》，你会感觉到，金融市场太复杂了，你还需要进一步地去了解它。那么在这时，你可以再读一本《投资学》。公司的财务活动，需要通过股票市场筹集股本，并通过股票市场的运作来提高公司的盈利水平。投资学正是教你如何去理解和把握股票市场的。

读完了《投资学》，你会觉得你对金融市场仍然是一知半解。这时，我建议你再读一本《货币银行学》。在《货币银行学》中，你可以着重看一下货币市场是怎样运作的。在这个市场上进行交易的，主要是期限在一年以内的金融工具。

学完了《货币银行学》，你对货币市场和股票市场以及它们之间的相互关系便有了一个大致的了解了。这时，你充其量还只是在金融市场的山腰，离山顶还远着呢!

不要泄气，无限风光在险峰。你再读一本《固定收入证券》。这门课程是专门研究债券的，因为公司不仅要在货币市场上筹措和投放资金，在股票市场上运用股权工具，还要在债券市场上发行债券或从事债券的交易活动。债券对公司来说，同样是挡不住的诱惑。

你高兴极了，觉得自己可以当大学教授讲授金融市场课了。且慢，还有一门课程你要学，那就是“国际金融”。在金融市场体系中，外汇市场是必不可少的组成部分，公司的资产负债表中还会有不同的货币出现，在对外开放的市场经济中，公司的财务活动离不开将一种货币兑换成另一种货币的外汇交易活动。

学完了“国际金融”，这回可以当教授来讲金融市场了吧？再等一等吧。你得再读一本书，读一本叫作《衍生金融工具》的书。货币市场、股票市场、债券市场，还有商品市场，对你来说，你所了解的，还只是它们的现货市场。而衍生金融市场是派生于现货市场的市场。公司的财务活动，不仅离不开现货市场，也离不开衍生金融市场。

好了，你可以当大学教授来讲金融市场了。可是，你还是当不了金融工程师。因为你要当金融工程师，还得读一本书，即我们的这本《金融工程学》。

《金融工程学》是要教会你如何将现货市场上的金融工具和衍生市场上的金融工具进行创造性的运用来帮助公司理财。企业是公司，银行和非银行金融机构也是公司。学会了公司理财，个人理财就是顺理成章的事了。

还想把金融工程理解得更深刻一些吗？那好，我建议你再读一本书，那就是《金融经济学》。这本书教你如何对各种金融工具进行定价。要想把这本书读透，希望你能学一些数学，如数学分析、概率、随机过程、微分方程等。

说了这么多，该好好地说一下我们写的这本书了。记得东北财经大学出版社要我写这本书时，我犹豫再三。我不是怕这本书写不出来，而是怕这本书写出来没有特色。为此，我考虑了很长时间。

我记得有一天晚上，我和我的博士研究生黄河一起在珞珈山散步，讨论如何写作本书。在山脚下，我们形成了这本书的整体框架。我们高兴极了！我们清楚地知道，这本书在我们的心目中已经写成了，而且这本书一定会受到读者的欢迎。

本书的目标是非常明确的。它是要作为财经类专业本科生和 MBA 学生的教材来使用，同时它也可以作为金融和财务实际工作者的自学教材。基于这种定位，书中尽可能地避开了一些高深的数学问题。

本书的体系是全新的。全书分为三大部分。第一部分为概论篇，其内容主要体现在第一章中，该部分论述了金融工程的基本概念、基本原理和基本方法。第二部分为工具篇，该篇由第二～六章构成，这一部分主要分析现货工具和衍生金融工具的基本原理及其配置。第三部分为综合运用篇，主要由第七～十三章构成。

本书在金融工具的定价上运用的是无套利分析法。套利过程形成的价格是无套利价格，这种价格是一种理论价格也叫作公平价格。然而，现实价格一般来说是存在着差异和背离的。对金融工程师来说，这种差异和背离就是盈利机会。金融工程师就是在这种情况下，运用各种金融工具和手段来获取这种差价，正是在这种意义上，我们把金融工程师戏称为“屎壳郎”，而把差价称为“牛粪巴”。金融工程师就是那些善于发现“牛粪巴”和获取“牛粪巴”的人。说起来似乎有一些铜臭味，其实是很高尚的事业。金融工程师获取“牛粪巴”的过程本身就是在消除“牛粪巴”，就是在把有“牛粪巴”的地方变成“青青的草地”。“青青的草地”就是“公平价格”或者叫作“无套利价格”。

本书在金融工具的应用上运用的是积木分析法。积木分析就是将所有的金融工具看作一块一块的积木，我们的金融工程师就是搭积木的孩童。我们针对不同的金融财务问题搭出不同的“积木建筑”来。这种“搭积木”的思想，贯穿全书的始终，这种“搭积木”的技术也是金融工程的核心技术。

本书运用了案例分析法。我们将基本原理的分析与案例分析紧密结合，以加深大家对金融工程的理解，并学会运用金融工程的基本原理和基本方法去解决金融和财务的实际问题。

本书是一部试图将金融工程的基本原理与中国金融财务领域的实际紧密结合的书。我们在论述金融工程的基本原理时，注意分析中国的现实问题。我们在分析金融市场及其交易工具时，注意考察中国金融市场及其交易工具的现状。

我们在进行案例分析时，尽可能以中国的案例作为分析对象。

本书不仅分析了衍生金融工具在金融工程中的应用，而且强调了现货工具在金融工程中的应用。对我国来说，目前衍生金融市场的发展刚刚起步，我们面临的很多金融财务问题只能设法通过现货工具来解决。因此，我们的金融工程目前在国内应用更多的是现货工具，而不是衍生工具。我们在衍生工具方面当务之急是要构建衍生金融市场。

读完了我们的《金融工程学》和我所介绍的其他书籍，就可以成为一个出色的金融工程师吗？不一定。书上得来终觉浅。出色的工程师还需要在实际工作中去体验和感悟。有了这些书本知识，又有了实际工作的磨炼，你距离出色的金融工程师就不会远了！

在珞珈山，我们完成了这本书的构思和写作。今天，我们又在珞珈山完成了这本书的前言。我们深深地热爱珞珈山，我们深深地感激珞珈山。我们和珞珈山一起，在2002年的春天，给《金融工程学》的每一个热心读者深深的祝福！

叶永刚

2002年1月4日

于珞珈山

东北财经大学《金融工程学》第二版前言

在珞珈山秋天的一个上午，细雨蒙蒙。我将自己关在东湖之畔的一间办公室内，摊开纸笔，准备写《金融工程学》第二版的前言。

写什么呢？我们在修订这本书的过程中，正好遇上了由美国次贷引发的国际金融危机，经常碰到有人说，“不就是你们的金融工程惹的祸吗?!”真是这样的吗?

我在想，说这种话的人一定是对金融工程缺乏深入的了解。殊不知，金融工程的要义恰恰在于它是控制风险的有力武器。金融工程的全过程都贯穿着风险管理的宗旨。金融工程的每一个原理、每一个环节，都体现着风险管理的思想。可以毫不夸张地说，金融工程的每一个细胞甚至毛孔，都散发着风险管理的浓厚气息。

我们认为，金融工程可以划分为一般金融工程、微观金融工程和宏观金融工程。

一般金融工程是研究在金融风险控制的前提下有效地配置金融资源的原理和方法，微观金融工程则是要将这些原理和方法运用到微观经济层面。它们主要涉及微观结构及金融资产的研究。金融资产研究的核心是定价问题，定价使用的无套利方法正是金融资产交易者进行风险控制的法宝。定价与风险控制是一个问题的两个方面，二者是相互依赖的，谁没有弄懂金融风险的防范，谁就没有真正弄清金融资产的定价，谁就没有弄清金融工程最基本的原理。而微观结构的研究是研究微观经济主体的全面风险管理，是要在识别、测度和控制风险的条件下去创造更多的效益。宏观金融工程则是要在控制宏观金融风险的前提下去创造更多的国民财富。解决国际金融危机问题，从经济学和金融学的视角来看，迫切需要的正是对宏观金融工程的探索与发展。

由此看来，金融危机的出现和对全球经济所造成的严重影响，难道不正是金融工程本身的发展不够，人们对此的认识不足所造成的吗?

写到这里，我又在想，既然如此，那么为什么人们又会责怪金融工程和从事金融工程研究及实务的人呢？是的，我们不能将危机归罪于金融工程，但是，我们毕竟不能说金融危机与金融工程一点关系也没有。

这恐怕要从金融工程使用得最多的衍生金融工具说起，分析一下衍生工具的基本用途。学过金融工程的人就会知道，衍生金融工具最基本的用途有三种：一是保值，二是套利，三是投机。保值和套利，风险何在？何罪之有？投机虽有风险，但高风险带来高回报。就投机本身而言，也说不上有罪或无罪。你要拿你自己的货币去投机，那是你的选择、你的自由，那也是你自己的权利。赚了，是你的；输了，也是你的。碍不着谁，也怪不得谁。问题在于，如果你是拿别人的钱去投机呢？赢了，高回报留给自己；输了，高风险甩给别人。国际金融危机出问题，恰恰出在有的人、有的国家拿别人的钱、别国的钱去投机。玩输了，又把所有风险几乎都转嫁给了别人和别的国家。这不是金融工程的错，也不是衍生金融工具的错，而是“人祸”，是有人在用别人的钱，用金融工程的方法和工具进行赌博。这是各国和国际的金融监管机构该管而又没有管住的事情。衍生金融工具被用于投机时，它们放大了风险。但问题并不是出在工具本身，而是出在使用工具的人，出在监管者。

我们不能因为有人利用衍生金融工具去“为非作歹”就归罪于金融工程本身。作为风险的防范者和监管者，我们唯一的选择就是学好金融工程去对付金融风险和金融危机，除此之外，别无他法。

此次对这本《金融工程学》的修订，正是基于以上的基本想法进行的。我们的修订既保留了金融工程的“工具论”，又坚持了“结构论”。在“工具论”部分，我们主要分析衍生工具及其配置。在“结构论”部分，我们注意分析金融市场风险管理和金融工具的综合运用。无论是在“工具论”还是在“结构论”中，我们都贯穿着“风险论”，都是力图体现一般金融工程的原理和方法。

我们的这次修订，在主要内容上做了很大的删减，这样做是为了突出金融工程的基本原理、方法和技术。不仅如此，我们这次修订还更新了书中所有的案例分析，并且针对原书中的某些错误和遗漏，进行了增补和修正。

在写这篇前言时，我又想起东北财经大学出版社对这本书的厚爱，又想起该社郭洁女士对这本书所倾注的满腔心血，又想起读者们对我们的支持和建议，又想起这本书写作和修订的日日夜夜。难以为报，只有在这里向辛勤付出的人们表示深深的敬意和谢意，并希望我们今后能更多地听取大家的宝贵意见，将这本书编写得更新、更好。

走出办公大楼，站在珞珈山下的枫林之间，沐浴着蒙蒙秋雨，看它正将山中的枫叶洗成一片嫩红。拾起草地上的一片红叶，我心中充满着一种强烈的愿望，衷心地希望我们的这本书也能变成一片鲜红的枫叶，不仅送给大家阅读时的绚烂，而且送给大家事业上的辉煌。

叶永刚

2009 年 9 月 20 日

于珞珈山

东北财经大学《金融工程学》第三版前言

珞珈山的初冬如秋。

一年四季常青的香樟树林中，点缀着一片连着一片的双球悬铃木。悬铃木的树叶金黄金黄的，将漫山遍野映耀得闪亮闪亮的。入冬的东湖，湖水显得格外清澄。山水之间，便坐落着我们的经济与管理学院。此时此刻，我正坐在经济与管理学院大楼的办公室中，静静地思索和写作。

我面前的是《金融工程学》第三版的书稿。如果说我们的第一版重在引进和介绍国外金融工程的主要内容，那么在第二版中，我们则对书的结构做了较大的调整，不仅有了概论、衍生金融工具，而且有了金融风险管理的专门章节。而本次第三版的修订，我们并不想在结构上做较大的调整，而是在内容的更新和细节的修改上做了更多的工作——对有些内容做了删减，加进了不少新的材料，对原书中出现的错误和不妥之处尽可能地进行了订正。

回顾中国金融工程学科十多年来走过的道路，我们欣喜地看到，中国的金融工程学科已经得到了蓬勃的发展，可以毫不夸张地说，中国金融工程学科研究从规模上看已经具有了全球最大的阵容。然而，随着中国经济的崛起，我们的金融工程学科依然面临着十分艰巨的任务。

金融工程的发展要为中国经济的崛起出谋献策和保驾护航。因此，学科的发展要求我们在教材的编写、选用和学术素质的培养等方面不仅要学习国外的长处，而且要有自己的特色和创新，并且期待在世界范围内对学科建设和发展发挥引领和指导作用。

因此，在第三版的修订过程中，我们希望能够使本书的培养目标立足于这种远大的历史使命。比如，阐述金融工具有关内容时，我们的目标是将学生培养成为能够在国内和国际金融领域叱咤风云的金融交易员或做市商。探讨金融风险管理有关内容时，我们希望能将学生培养成为审时度势、稳操胜券的金融分析师、财务主管和金融高管。我们也希望教师在讲授微观金融工程的同时，能将学生的视野进一步拓展到宏观领域，从而使我们培养的金融工程人才能将微观的方法运用于宏观领域，从而使其有能力在控制金融风险的前提下促进经济的跨越式发展。

这些是我们编写和修改这本教材时所怀的殷切期望，也是中华民族崛起赋予我们的历史责任。我们愿意与使用和阅读本教材的每一个人以此共勉。

写完第三版前言，我走出经济与管理学院的大楼，夕阳正照耀着湖畔的枫林，依旧顽强地驻留在树上的枫叶，一片红火……

叶永刚

2013 年 5 月

于珞珈山

高等教育出版社《金融工程》总前言

我们清楚地记得，2002年春天，中国高校第一批率先试办金融工程专业的老师们齐聚风景秀丽的武汉大学，参加了中国第一次金融工程学科建设和发展论坛。从此，金融工程专业便诞生在了中国这片沃土上！

十七年过去了，中国金融工程专业在全国同行们的共同努力和大胆探索下，取得了显著的进步和成效！中国每一所开设财经专业的院校几乎都设立了金融工程专业。毫无疑问，中国高校金融工程专业培养的总规模和发展速度在全球肯定排到了第一。我们从过去开始借鉴国外的专业教材，到现在已经构建较为完整的教材体系；从过去主要进行专业课的教学与研究，到现在已经培养出了大量的金融工程研究人才并取得了丰硕的学术研究成果！中国金融工程学科建设的步伐是强劲有力的，中国金融工程学科建设的学术成果是有目共睹的，中国金融工程学科的教材建设和人才培养是高歌猛进的！

展望中国金融工程学科未来的发展道路和前景，将会出现哪些趋势和变化呢？

其一，从数量到质量。过去，我们迅速扩大了办学规模，但是今后的主要任务则是要提高人才培养的质量。

其二，从微观到宏观。过去，我们的金融工程主要是研究微观领域，但是今后会更多地拓展到宏观领域，研究宏观金融风险的控制与经济发展。

其三，从理论到实践。金融工程从本质上讲是要运用工程化的方法去解决实际问题。今后的方向会更趋向于将理论与实践相结合，去解决经济建设中的实际问题。

其四，从“地上”到“天上”。“地上”指的传统的研究方法和手段，“天上”指的是互联网和大数据。“上天入地”会成为今后的研究趋势。

其五，从学习到引领。我们过去的学科建设主要体现的是“国际化”，更多的是学习和引进国外的理论和方法。我们今后不仅要继续“国际化”，而且要强调“本土化”，要强调学术上的创新性，要有中国自己的学术特点和气概，要用自己的学术成果去引领全国和全球的金融经济发展！

正是在这种大变革的时代背景和潮流之下，高等教育出版社不失时机地抓住中国金融工程学科建设与发展的需求，组织全国高等院校金融工程专业的同行们，一起来编写全国高校金融工程专业系列教材。

经过广泛征求意见，高等教育出版社和丛书编委会最后确定出版八本教材，并且确定了每本书的主编，后续再根据需求适时增加。每本书的编写采取主编负责制，由各书主编自行决定教材编写的内容和参与学校及编写人员。各教材的名称与主编分别为，《金融工程》，武汉大学叶永刚教授；《金融经济学》，天津财经大学张元萍教授；《金融计量学基础》，南开大学周爱民教授；《计算金融》，对外经济贸易大学吴卫星教授；《衍生金融工具》，西南财经大学王晋忠教授；《固定收益证券》，东北财经大学史永东教授；《投资学》，安徽财经大学任森春教授；《公司金融》，山西财经大学沈沛龙教授。

按照编委会组织大家讨论的结果，本套丛书力求体现以下特点：

其一，鲜明的时代特色。本套丛书要求跟踪国内外金融工程学科建设与发展的前沿，认真学习和总结前人的成果与贡献，全面地揭示历史发展过程和最新发展动态。

其二，完整的学科体系。本套丛书既要体现理论方法和工具层面，又要突出这些理论方法和工具的具体作用。

其三，教材编写参与者的广泛性。本套丛书既强调教材编写的主编负责制，又强调编写参与者的广泛性。每本教材的编写者并不仅限于本校，而是鼓励更多院校参与。这种安排与设计主要是考虑参编者的代表性和教材使用的覆盖面。

其四，编写体系的创新性。本套丛书的一个显著特点是设置了二维码关联数字资源，以便于学生课外阅读，拓展知识面。

本套丛书的编写是一项巨大的工程，如果没有高等教育出版社的高度重视和精心策划，没有全国金融工程专业同行们的同心协力和辛勤奉献，要完成这样一项工作简直是不可想象的！因此，我们在这里向为本套丛书写作和出版做出贡献的每一个人都表示深深的敬意和谢意！尽管我们这些编写者为本套丛书的出版付出了汗水和智慧，毕竟这项工程浩大而又艰苦，难免存在很多缺点和不足，在此真诚地希望每一位读者提出宝贵的批评和意见，我们将在日后的修订过程中不断地加以改进和完善！

丛书编委会

2019 年 3 月

高等教育出版社《金融工程》前言

2020年夏天，我顶着似火的骄阳，冒着滚滚的热浪，坚守在武汉大学校园，撰写本书前言。

2002年的春天，当时我们和国内的同行们一起，在武汉大学珞珈山庄召开了中国高校首届金融工程论坛。在这次会上，我们讨论了国外金融工程发展的现状，探讨了中国金融工程学科建设的前景，确定了金融工程专业的核心教材及其编写。时间过得真快，一晃就快二十年了！这一时期，中国高校的金融工程专业建设和教材编写，发生了巨大的变化，取得了长足的发展。金融工程专业不仅在规模上成为全球最大的方阵，而且在质量上有了很大的提高。金融工程专业教材从过去翻译和照搬国外的教材，到现在结合国际国内的实际情况形成了比较完整的框架和体系。

正是在这种背景和环境下，高等教育出版社不失时机地组织全国高校，策划和编写这套金融工程专业系列教材，并将《金融工程》一书的编写任务委托给我和我的同行，为的是进一步促进中国金融工程专业建设的发展，让我们的高校能够培养更多更好的金融工程专业人才。

本书的写作大约经历了两年的时间。为了使本书在使用方面有着更为宽广的覆盖面，高等教育出版社就其编写工作与我们进行了多次的磋商。他们希望我们能够尽可能动员更多的高校一起参加编写。最后，我们商定由武汉大学、中南财经政法大学和湖北经济学院的专业老师一起来承担这项任务。

为了使本书赢得读者和使用者的青睐，我们在内容和体例方面进行了大胆的改革和探索。

首先从内容方面看，本书力求使微观金融工程和宏观金融工程相统一。在我们目前所见到的各类金融工程教材中，大多数只介绍微观金融工程，有的甚至只是从工具层面进行分析。而本书则是将三者有机统一起来，以便于学生更为全面地掌握金融工程的主要内容，并且更好地为中国的改革开放和经济建设服务。

其次从体例方面看，我们不仅在教材的每章章后设置了本章小结、重要术语、复习思考题，而且在章后使用二维码关联了自测题，以便于学生能够及时进行自测，以提高学生的学习效果。

最后还有一点需要强调的是，为了方便广大教师进行教学和考试，我们根据本书的内容，制作了配套题库，以便于教师在教学时选择使用。

本书由叶永刚、彭红枫、李志生、刘宁负责总体策划和协调。全书共分为四个部分。第一部分为导论，由彭红枫总体负责，具体编写者为，第一章，金融工程概述，彭红枫；第二章，金融工程的基本框架与分析方法，彭红枫。第二部分为金融工具，由刘宁总体负责，具体编写者为，第三章，远期工具及其配置，程凯；第四章，期货工具及其配置，程凯；第五章，互换工具及其配置，徐慧玲；第六章，期权工具及其定价，张立勇；第七章，期权交易策略与主要创新类型，张立勇；第八章，结构化产品及其配置，刘宁。第三部分为金融风险，由李志生总体负责，具体编写者为，第九章，风险的概念及类别，李志生和李好；第十章，金融风险管理，王频和李志生；第十一章，市场风险的度量，王频和李志生；第十二章，信用风险的度量，王频和李志生；第十三章，经济资本管理，李志生和李好。第四部分为宏观金融工程，由叶永刚总体负责，具体编写者为，第十四章，宏观资产负债表，张培和吴良顺；第十五章，宏观经济资本管理，宋凌峰和项婉玉。

本书的完成，需要感谢的人很多！我们真诚地感谢高等教育出版社对该项目的高度重视和支持，感谢有关编辑为本书出版所付出的辛勤劳动和指导，感谢武汉大学、中南财经政法大学、湖北经济学院的领导和老师们对本书编写所给予的鼎力相助和尽心奉献，感谢全国的同行们对本书所寄予的厚望和所提出的宝贵建议。总之，我们感谢所有为本书的写作和出版做出贡献和给予热情关怀的人。

最后，我们希望本书能够为每一个阅读和使用它的人带来知识，带来启迪、智慧和福音！

叶永刚

2020 年 8 月

于珞珈山

第十二章 12

教学相长

关于教学相长

——珞珈山课堂随想之十一

老师和学生之间，我觉得既是师生关系，又可以是朋友关系，即所谓亦师亦友也。

人们常常喜欢把老师比作一根蜡烛，说他们燃烧了自己，照亮了别人。我则喜欢将老师比作一个在黑夜里举着火把前行的人，他不仅点亮自己的火把，而且用自己的火把去点亮别人的火把，让所有身边的人都点亮火把，让黑夜的原野一片透亮，让地上的火光与天上的月光，与满天的星光，相映成趣……

正因如此，学生也可以把我当朋友，让我从他们身上，学到很多很多……

叶永刚

2024 年 5 月 5 日

于珞珈山

学生毕业了，走远了，居然在教师节给我寄来了“意见信”，要我注意上课的仪表呢！

教学相长之一：远方来信

2019年的一天，我正在为武汉大学继续教育学院一批来自全国各地的党政干部讲课。

课间休息时，有一位女士走近我的讲台，问我：“叶老师，您还认识我吗?”

我一看，乐了！“怎么不认识呢？您叫卞淑芳。我们国际金融本科的毕业生，您是安徽人。在您毕业后的第一个教师节，您还给我写过一封信呢!”

听我这么一说，她笑了。她的出现让我想起了三十多年前的一件往事。

那一年教师节，我收到了一封安徽的来信，那是一个安徽的学生寄给我的。在办公室里，我高兴地拆开了那封来信。

来信的学生叫卞淑芳。她除在信中祝叶老师教师节快乐并感谢我过去在课内课外对她们的关心和帮助之外，想不到她还给我提了一个意见呢！

她说：“我们多么希望我们尊敬的叶老师，头顶上的头发也能像他课堂上讲课一样，那么有条有理，那么干净利落，那么光芒四射啊!”

我一看这样的文字，忍不住笑了起来，也忍不住叫了起来：“我的天呐，这学生怎么如此幽默，如此有水平！她居然用这种批评夹着表扬的方式，在向我提意见呢!”

我过去多年的教学生涯中，我的确不修边幅，所有的时间几乎都花在教学和研究上，哪能想到要去注意穿着和梳理头发呢！更为糟糕的是，自己并不认为这是一个缺点，甚至还认为这是一个优点！真没想到，学生毕业走远了，居然还记着给我提意见！

这封信简直就像一根鞭子，不仅抽打在我的脸上，而且抽打在我的心上。从此之后，只要我走进课堂，就会想起那个学生的来信，就会自觉地走近学校为教师准备的“照妖镜”，看一看自己的头发，是否做到了那个学生所期望的“有条有理”。

时间过得真快，一晃就是三十多年了！看着眼前的学生，如今已是成年了！她不仅让我想起了往事，而且想起在武汉大学课堂上那些和同学们在一起的快乐时光，想起了自己从同学们身上学到的那些火一样的热情，那些求知的渴望，那些对前途和理想的无限希望！甚至像卞淑芳同学那样，对我在生活小节上的提醒和建议！

我不由得走下讲台，紧紧地握着她的手对她说："想不到几十年后在课堂上又见到您，谢谢您，谢谢您那封信！您看看，叶老师现在的头发，是不是还像以前那样杂乱无章！"

她笑呵呵地说："不像，不像！"

叶永刚

2024 年 2 月 8 日

于珞珈山

在我的教学生活中，黄河是最让我刻骨铭心的一个弟子。他在他人生极为辉煌的时刻，忽然走了。他的离世，让我重新思考一个教师的职责。

教学相长之二：思念黄河

2019年的冬天，当我听到黄河去世的消息时，我几乎惊呆了。他怎么会走的呢？他不该走啊！

黄河是我的首届博士研究生。毕业后，他在中国工商银行北京分行工作。参加工作后，他凭着自己的学术功底和良好的人际关系，很快就从一个普通员工晋升为部门经理，并且经过十多年的打拼，顺利晋升为北京分行资金部的总经理。他晋升为该职务时，年龄只有40来岁，所有的人都看好他的前程。

谁知在一个早晨，他在晨练的时候倒在了地上，再也没有爬起来！他的妻子失去了自己的好丈夫，他的孩子失去了自己的好父亲，他的同事们失去了一个优秀的同事和一个出色的资金管理者！

这件事情对我的打击特别大。因为他不仅是我的博士研究生，还是我的第一个博士研究生，而且是一个前程似锦的博士研究生！

痛定思痛后，我问自己，我这个做老师的在这件事情上是否也存在某种疏忽与责任呢？

我从1979年考入武汉大学经济系。1983年毕业后留在高校任教。从此之后就没有离开过教师这个岗位。在过去几十年的教学生涯中，我自己注重了学生的专业学习，强调了学生们的“成功学”，但是，我忽视了一个重要的方向，那就是学生们的“生命学”。

黄河的去世让我警醒，让我深刻意识到，我们在课堂上面对自己的学生不仅要告诉他们应有的专业知识，在走向社会时，要干得比别人漂亮，还应该告诉他们，在这个世界上，还必须学好另外一套本事，那就是我所讲到的“生命学”，那就是要活得长久、活得快乐！

“生命学”和“成功学”是一个人成功的两个翅膀，缺一不可！我在过去的课堂上，总认为这些孩子们尚且年轻，身体不会有大碍，因此忽视了对他们的提醒和教导。黄河的去世无疑是一个教训，它给我敲响了警钟！

从此之后，只要我走向课堂，我就会想起黄河，我就会提醒自己，一定要告诉自己面前的每一个学生或听众，要两套本领，不能只有一套本领！两套本领意味着三个标准，干得漂亮、活得长久、做得开心！

叶永刚

2024 年 2 月 15 日

于珞珈山

袁志辉同学参加学校一年一度的写作比赛。他在比赛中以我为题做了发挥。我心里十分清楚，这是学生对自己老师的鼓励和期待。

教学相长之三：《珞珈山浅草》

——记我的导师叶永刚教授

就像一棵草的种子，我被风吹落到珞珈山上，是叶老师春风化雨的教诲和润物细无声的滋润成长了我，因此，这粒种子能够生根发芽，长成一棵浅草。叶老师说，他扎根珞珈山三十年有余，已化作珞珈山的一棵浅草。这样成为一棵珞珈山浅草，我与有荣焉。——题记

四年前的秋天，一个河南农村小伙子来到珞珈山下读书，因为枫园的寝室就在珞珈山的脚畔，所以可以时常仰望山上的一草一木，两年前的秋天，萧瑟秋风吹落片片银杏叶的时候，我有幸在教五楼听到了叶老师讲授的金融工程原理。一年前的秋天，那是考研的艰难时期，在一个傍晚珞珈山的环山公路上，叶老师“风萧萧兮易水寒”的吟唱给了我无穷的动力。现在，又是一个秋天，枫园的枫叶已染上几缕霜尘，我为能够安心坐在叶老师的实验室而忘却几许霜寒。

（一）

一个时代是有其独有的特征的，也会在一代人身上留下印记。20 世纪 50 年代出生的叶老师也不例外，从少年时代的放牛娃到青年时代的农村小学教师，再到如今的大学教授。叶老师谱写了一曲生命的欢歌，从故乡的小河，一路飘到珞珈山漫山遍野的丛林间，波澜起伏，却总是欢快轻盈。

泥土的芬芳、河水的甘甜、天空的澄澈，故乡养育了他，他带着故乡的馈赠，将足迹遍布世界，将心血洒遍江河。金黄色的油菜花铺满田野里，轻轻地

走进田野，衣服上就沾满了一片片金黄，抖啊抖，花瓣可以抖掉，花香却早已留在心间。

故乡对叶老师的影响太深，太深，培育了他的开阔胸襟、宽广视野，养育了他脚踏实地的作风，滋润了他授业解惑的拳拳之心，更是赋予了他独特的诗人的浪漫品性。老师说，村前那条弯弯的小河，日日夜夜，在他心灵深处，唱着一支不屈不挠的歌。

（二）

跟叶老师学习已经四个月有余了，耳濡目染，对他的做事做人风格也算有了简单的认识，时常感受到他淳朴的赤子之心，以天下为己任的宽广胸怀。

他时常教育我们，古人讲："达则兼济天下，穷则独善其身。"这样讲不对，达则兼济天下，穷也要兼济天下。一个人一定要有宽广的胸怀、开阔的视野，这样更容易成功。并且不仅是一个人的成功，而是全社会的福音。昔日杜甫蜗居成都草堂，却心忧天下。茅屋为秋风所破时仍能高歌"安得广厦千万间，大庇天下寒士俱欢颜"。诚然不能力挽狂澜，救民于水火，但仍能与天下穷苦共命运。因此，诗作得以流传千古，为后人景仰。

叶老师不但教育我们，而且他真切地践行了这种人生态度。怀抱一颗赤子之心，为家乡和为社会做着自己力所能及的贡献。离开故乡许多年后，他仍时刻不忘故乡的乡亲。他曾经给村里修了一段路，每当回家看到人们不用走泥泞的土路时，他说，很开心。

我们时常感叹叶老师思想的前瞻性。从十年前将金融工程学科引入中国，并身体力行在湖北省大力推进衍生金融市场的发展，再到宏观金融工程的提法以及一些关乎湖北省乃至全国金融经济发展的战略构想，总是走在时代的前列，对国计民生的重大问题提出自己的设想，并且一步步去推进。他说，做人一定要有宽广的视野，能想到大多数人的利益。为大多数人谋福利，才是长久之道。我想，思想的前瞻性、深邃性，无不与他的这种赤子之心有关。

叶老师的胸怀可以广袤千里，当然，也不会忽略周边的我们。对于团队的每个同学，他都能深切地关怀。从人生到学习，再到生活，他为我们讲解自己的人生经验，给我们的迷茫人生点亮灯盏，给我们困顿的学业指点迷津。同时也不会忘记嘘寒问暖，解决我们生活中切实的困难，他甚至不无幽默地鼓励我们去谈朋友。

（三）

叶老师说，做人就要像老黄牛，勤勤恳恳，一刻不能放松，不要埋怨抽鞭子的人，因为他也很无奈。正是这样一种人生态度、做事风格深深地影响着他，而他也切实地践行着这一信念。作为一个农村的放牛娃，他一步没有停歇，1979年经历千难万阻，考入武汉大学经济系，然后以优异成绩留校，兢兢业业工作在金融工程学术研究的最前沿。每一步都是沉重的，但是他仍然没有停下奔走的脚步。

他跟我们讲过一个故事，说刚进武汉大学参加学校运动会，跑长跑，轻轻松松就把别人甩在了后面。大家惊讶他怎么跑这么快，他笑着说，小时候在农村天天都干这事儿。如今在事业上，他仍然保持了这种长跑的精神，一贯坚持，一步一个脚印，直到让同行很难看到他的背影。学术上，叶老师孜孜不倦，潜心专研，一步步做到教授博导，乃至全国金融工程领域的泰山北斗。知天命之年，仍精神矍铄，接任经管院副院长，从事较为陌生的行政工作，仍然勤勤恳恳。

学术事业是老师最醉心的事业，为此，他时刻保持高度责任心和敏感度，关注学术研究的前沿领域，在书斋里完成了金融工程研究的一系列产生广泛影响的专著、论文。并且以强烈的社会责任心，关注社会发展的进程，将金融工程理论恰当地引入实践，来造福社会，推动经济发展。

老黄牛在田野里拉着犁铧，种子会知道它渗透在肥沃的土壤里的一颗颗热汗，当耕耘完一片热土，它可以望向远方的旷野，长哞。叶老师在学术里执着笔端，读者会知道他融化在书页里的滴滴心血，当完成一个项目的研究，他可以望着满天的繁星，舒啸。

盘旋在天上的雄鹰，感觉不到飞翔，只知道身边空气的流动，它只是喜欢飞翔。

（四）

韩愈说，“师者，所以传道受业解惑也”。但是叶老师认为他没有回答一个关键性的问题，就是为什么要传道受业解惑。老师一定要能指引学生全面发展，保持高度的责任心，为天下育英才，来推进社会建设。叶老师已经在讲台上奉献了三十多年，而且他还将继续奉献着。

“文革”期间，正当青年时期，怀抱对读书的渴望，以及对教育的热情，叶老师做了农村的一名普通老师。武汉大学毕业后，他留校做了一名大学老师。时间在变，地点在变，唯一不变的是他对于教育事业的执着。

叶老师讲课很风趣，但鞭辟入里、通俗易懂。作为教授、博导又是副院长，叶老师的工作已经很忙很忙，但是他坚持给本科生上课，我很荣幸在两年前的秋天，听到了他的课。他讲课方式很特别，每堂课的开始，会拿出五分钟给我们分享一种事物，叫作“开心一刻”。记得每次讲的都不一样，但是无一例外，离不开武汉大学，他总是别具匠心地收集珞珈山的物种，甚至往事跟我们分享，我们会惊讶又很惊喜地发现，原来珞珈山有坚硬的松果，有隐藏很巧妙的野柿子，还欣赏到珞珈广场上的桂花王。武汉大学的一草一木，一点一滴，在他的课堂上都可以激起欢乐的笑声。欢乐不仅是一种心态，更是一种生活态度，叶老师阳光的心态，通过短短的几节课，感染了每一个人。

金融工程是一个新兴学科，理论复杂艰深，但是在叶老师的课堂上，他能妙趣横生地给我们娓娓道来。他可以用一个茶杯，将复杂的期权、期货、远期等基本衍生金融工具，以及无套利分析等基本的分析方法深入浅出地讲解，使我们很快抓住问题的关键，掌握住前沿的深奥理论。

叶老师的课堂还有一个特点，就是理论与实践结合，他会结合自己的体会并请金融机构的友人给我们讲解金融实务，引导我们消化理论，用理论来分析解释经济金融现象，通过这样一个过程，对知识的理解和运用都会更深入。每次开课，教室总是座无虚席，甚至有很多同学旁听，我们就知道，叶老师的课早已成了学生心田的甘露、阳光。

头衔无论多少，社会职务无论多忙，叶老师深深地知道他首先是一个老师。所以，我想只要你任何时候进到叶老师的课堂，都会感受到他阳光的心态和教书的热情。

（五）

其实，很少有人知道，叶老师还是一位诗人，一位善于从独特的视角观察社会生活、体验自然风貌的诗人。至今为止，他已经出版了三本诗集——《故乡的小河》《珞珈山浅草》《我从天山走过》，来讲述他的所见、所感、所想，第四版诗集也在筹备中。

在《故乡的小河》中，我们可以看到一个永远长不大的农村放牛娃。在《珞珈山浅草》里，我们可以看到一个有着深厚珞珈情节的武大人。在《我从天山走过》里，我们可以看到一位粗犷豪迈、热心新疆事业的边疆建设者。不一样的世界，不一样的角度，却无一例外地向我们展示了一个作为诗人的叶老师。

一个诗人，也许最珍贵的并非文字，而是“诗心”，一颗赤子之心，一颗宽容之心，一颗灵感之心。“诗心”不仅感悟辽阔的大地、奔腾的河流、欣欣的草木、悠扬的鸟鸣、皎洁的月光，也感悟内心的悸动、灵魂的慰藉、思想的火焰。叶老师不仅把万物融进“诗心”，而且把一颗阳光欢快的“诗心”展现给我们。沐浴在诗歌的河流，心会洗涤掉尘垢，变得清澈、清爽、清新。

每一个生活在世上的人都苦都累，每一个人都需要安慰。有人要靠上帝来安慰，有人要靠亲友来安慰，有人要靠音乐来安慰，有人要靠抽烟、喝酒、打牌来安慰，而叶老师选择写诗的方式来安慰。“于是，在没有窗户的墙上/开窗/看没有看过的/花儿/开放/听没有听过的/鸟儿/歌唱。”

诗人气质，影响了老师的人生态度、做事风格，也极强烈地感染了他周边的人，因为在他的笔下，石头也想在秋天结出累累硕果。

（六）

暮秋时节，珞珈山已然是一片萧瑟，落叶在风中飘零，浅草也早已枯黄了身躯，然而就像智者“博观约取、厚积薄发”，它是在积蓄能量，待到浅草遍野时，它在丛中笑。

能跟着叶老师学习，不断体悟做人做事的学问，于我始终都是莫大的恩赐。这样，便印证了我当初考研时毅然放弃北大，留在珞珈山的决定是多么正确。为此，我愿化作小草，潜伏在珞珈山，只为那场圣洁的沐浴！

经管院 2010 级硕士七班

袁志辉

2010 年 11 月 4 日

于中国金融工程与风险管理中心

熊志刚同学的发言，让我又忆起那些和同学们朝夕相伴的岁月，并且使我深深地懂得了，我们作为一个教师，在课堂上的一言一行，都会与同学们的成长息息相关。

教学相长之四：难忘的记忆

叶先生对我的教诲

今年，是我们“叶门弟子”共同的恩师叶永刚先生的六十整寿！

按照我们中国人的习惯，2013年应该给先生庆祝六十大寿！师兄师姐们2013年也是这样筹备的，只是先生一向内敛低调，大伙儿就把庆祝活动延后到今年的今天。

今天，我们还一并庆祝先生成功执掌杏坛三十年！

一、祝贺先生的六十大寿

我作为先生门下最为后进的学生，对先生的感恩之心与各位同门相同！先生对我们的教诲和关怀，使我们终身受益！尤其使我受益！

师恩如海，我们今天衷心祝愿先生福如东海、寿比南山！祝福叶先生及范先生身康体健、子贤孙孝！

我个人认识到，先生本身就是一部厚重的大书。叶门弟子都应该感激先生，是先生本人的慈悲，让我们先后按批次有幸走近并翻开了这本大书，渡我们到达彼岸。

在这本大书中，我们不仅看到了先生的专业著作、照片、诗集，更是从中看到了中国20世纪60年代至80年代国民的奋斗及沧桑史，看到了改革开放之后中国金融机构的创业史、金融学术的创新史！

那个时代的大气候，导致了先生走过曲折漫长的治学之路，包括有路之路和无路之路；人类社会存在的复杂性，导致了先生被迫经历过许多艰难困苦，包括能忍耐的困苦和难以忍耐的苦难。

好在，当叶永刚先生遇到范昌华女士之后，也享受到了人生最多的喜悦和欢愉，范师母的福气贵气让叶先生得到了常人最可遇而不可求的机遇！

先生四十岁之后留洋，先后到访过许多国家和地区，会见过许多重要的经济学金融学人物，体验过最丰富的生活，读过很多的有字之书和无字之书。

我们都会感慨：先生当日以一介草根的身份，从逐步在武汉大学站稳脚跟到找到金融工程，再到创新中国宏观金融工程，是何其不易！

我们都会感叹：先生个人从下叶湾破茧而出，完全凭借自身的能力与道德，最终成为学贯中西的经济学博士、桃李满天下的教授、国宝级的金融工程学专家、知名诗人的奋斗历程，是何等的励志！

先生人品高尚、学问深厚、心胸开阔、身体健康，这些都是我们叶门弟子一辈子都要向先生学习的！

庆祝先生六十华诞的时候，可以向先生报喜——在当今中国，已有包括“叶家军”嫡传弟子在内的一大批人正在不同的工作岗位上把先生宝贵的治学经验及学术思想继续传承！我们深信：叶先生倡导的金融工程学术的薪火一定能够世代相传！

二、做好先生的铁杆粉丝

我结识先生的渠道是传奇，是童话，是绝对的小概率事件！1996 年 2 月，寒假里，我是大三学生，白天做小包工头组织一帮大一大二的学生在街头发传单挣生活费，有一天，我督促他们发传单的时候闲着无聊，就在街边买了一份《长江日报》看，在一个叫作“生活中的经济学”专栏读到了名为《哭出“庞统井”后的话题》的文章，作者名字是“武汉大学管理学院叶永刚”。看完报纸我当时居然很自然地生出一个念头——将来若能够有幸念硕士博士，一定要找到这个叶永刚老师，跟随他念硕士博士。

2001 年 9 月，我在工作 4 年之后辞职了，结合之前跟随领导考察汽车厂的经历，选择全脱产到武汉汽车工业大学念汽车企业管理方向的硕士。跟从的导师是央视《东方之子》专题报道过的人物，中国汽车工业总公司优秀青年专家，也是省政府参事室参事。

但是，我一直没有忘记要跟随叶永刚老师读书的念头。硕士三年级的时候，2003 年 10 月，我总算在武汉大学找到了一个愿意将我引荐给叶老师的人，然后，得到的口信是，叶老师很忙，愿意在几天后周日的下午，在老商学院抽空给你半小时见面!

真是喜讯啊!

按照中国人的礼节，须带个“见面礼”。在那个下午到来之前，我曾经不下百次地考虑带什么作为“见面礼”。当时是珞珈山上枫叶红的季节，孔夫子说的腊鱼腊肉肯定是不靠谱的；其他的物品，我也都盘算过，只是，总觉得现买的物品都辱没了先生，莫如，我就只带着那张已经发黄的 1996 年 2 月 8 日的剪报作为礼品登山拜师?!

感谢先生在那样的一个下午与我见面！看了剪报之后，先生跟我交谈了近一个小时。末了，先生鼓励我报考。更为神奇的是，先生预言：你今年先报考吧，一次不行，再考一次！

我就真考了两次。当然，这是后话。

2004 年 3 月的倒数第二个周末，雨天，我以外校非金融学专业的硕士生资格在武汉大学测绘学院考场参加了博士生招考笔试。4 月，先生也给了我复试的机会。5 月，在老商学院复试现场，第一次见到了胡利琴老师，是她查验我的本科毕业证、英语四六级证书和武汉理工大学的硕士生学生证。

事后听说了，那一年新科博士中，有这么几个“大牛”：宋峰峰、曲锴。遇到此等“大牛”，我这只“小浣熊”自然就被他们踩扁，于是就有了我在复试后不久收到叶老师的一次电话。叶老师在电话中鼓励我说：明年你再考一次吧。

2004 年 5 月，我在武汉理工大学做硕士论文答辩，拿到全优，事后论文入选知网优秀硕士学位论文，但是，我放弃了提交全优论文材料填报，放弃了继续跟随武汉理工大学导师直接攻博的机会，也放弃了导师给当时的我与另 3 个硕士推荐的去上汽集团、外高桥保税区的工作岗位，而是到了沌口神龙汽车公司上班，目的就是等到 2004 年 10 月第二次到武汉大学报名，等到 2005 年 3 月的倒数第二个周末再考一次。

当时，很多熟识我的人都认为我想报考武汉大学的博士是疯了，根本就是痴人说梦，是在赌博，是在犯傻。他们不理解我为什么会在 30 岁高龄放弃直接升博的机会，放弃与同学一起到上汽集团上班，在上海定居的机会，而还想转专业考博士。他们不知道我想要的是听从叶先生的鼓励：“明年你再考一次吧。”

2005 年 9 月，我与赵振宗、刘春霞在武汉大学“叶家军大营”会师。当然，在研讨班上也见到了彭老师、石行长、张行长、胡老师、蔡老师、刘老师、吴老师，以及宋峰峰、曲锴。

回想当年意气，我不后悔。我 100%感谢叶老师!

首先，要感谢叶师能够在见过我一面之后，从内心接受我的报考。叶老师初见面的谈话给了我信心。叶老师鼓励我说：你没念过金融不要紧，就像你想学玩水，你现在还不会玩，就把你丢到水里呛几口，你就会玩水了。

其次，要感谢以叶老师为磁极的武汉大学金融工程磁场！在这个磁场中，研讨班上因为彭老师、胡老师等各个分磁极，大家相互砥砺，使得我这个之前从未学习过金融工程学的木头逐步磁化成铁砣子、铁棒槌。

最后，要感谢范师母！2004 年的夏秋，叶老师再次访问美国。在那年 10 月报考的时候，见不到叶老师，我只能够偶尔跟范师母打电话问候。每次通话，范师母都是热情地鼓励我好好准备考试。我原本仅是一个陌生的考生，仅凭一张发黄的剪报，赢得了两位先生接力棒式的鼓励，让我好生感动！让我始终保持着继续报考的勇气！

三、传承先生的哲学思想

跟随先生念博士的岁月，了解到在研讨班上，先生是用他自身宝贵的人生经验来指导学生的。因为我在 1991 至 2001 年之间的 10 年，经历过一些生活学习及工作的磨难，所以，在听到先生穿插讲解人生感悟的时候，我特别敏感。于是，我在学习建立金融工程学思维范式、搭建思维框架的同时，还悄悄收集整理先生的哲学思想。从中我不仅悟到了先生的专业知识，更是逐步悟到了先生那充满智慧的做人处世方式。

2008 年 6 月，我顺利毕业。之后我先是因买不起北京的住房而放弃北京 3 家金融机构的工作，回武汉找了工作单位。接下来就是适应工作被下派到县域挂职，再回到部门带个小团队，直到今年更换工作平台。其间我一直都在断断续续地反刍、整理在跟随先生的岁月里，记录下来的先生的哲学思想。

现在，学生我也年过 40，回想起来，在珞珈山的岁月里，我跟先生学到的最直接最有效的治学方法，就是先生自己的亲身体会，而不是书本上的教条。而且，我觉得从先生那里学到的做事做人的道理比专业知识更珍贵。

在研讨班上：

(1) 先生说过黑夜

本来人就是从黑夜走出来的，走到白天是赚的，白天是偶然的，黑夜是更真实的。

我本是农民，走出农民之后的身份，都是赚的。

黑夜追赶，使人越来越老，到了一定阶段肯定是走下坡路的。黑夜追赶着我，我追赶着太阳。

（2）先生说过流浪

我是一个边行走边思考的流浪者，流浪是对心灵的安慰。

（3）先生说过生活与竞争

这些年一直在思考，人应该怎么生活。谁都想过宁静的生活，每天晒太阳吗？那不行啦！那该宁静吧？但还是要面对竞争，要解决别人没解决的问题。

心既要宁静，又要有激情。

（4）先生说过安慰

其实，几乎所有的人从精神的角度讲，都是病人。正因为这样，所有人的心灵都需要安慰。

人是需要安慰的，而且不是今天安慰了，明天就不要安慰了。安慰的方式是不一样的。

如果一个人在一生中已经找到了一种安慰方式，那他就是一个完整的人、成功的人。

文学是安慰的一种，所有文学、宗教、音乐、体育均可以起到安慰的作用。但我选择了诗。

诗的功夫在诗外，诗外是什么地方？是行万里路。

我相信：人的生命是应该存在于两个世界的，一个是工作的、一个是非工作的。人往往读的专业书多、其他书少。你的烦恼当然来自你的工作、你的专业，因为你躲不开、躲不了。你肯定会心生烦恼于兹。怎么躲避一下呢？走进房子。诗歌是个房子、音乐是个房子、体育是个房子、宗教是个房子。文学、音乐、艺术都是带领人们逃离痛苦的方式。

教堂是以上帝的名义让在教堂里的人们自己安慰自己，并非上帝安慰人。

（5）先生说过留学与归国

在美国，是吃饱了饭的人的哲学。在中国，是还没有吃饱饭的人的哲学。

每个人的价值选择不同，有人选择留在国外，有人选择回到国内。我选择回到国内。

（6）先生说过教育的重要

人与人的差别太大了。差别更多的不源于娘胎，在于出生后所遇到的各种排列组合，是人与人之间的接触与交流，是各种思想排列组合。在武汉大学这种地方，人与人的组合、思想的碰撞就组合出了人才，但这毕竟是短暂的，还需要你读上下5000年的书、读中外的书。

（7）先生说过活学活用

死的是书上那几句话，活的是你的思维有没有跳跃。

有字的书，是帮助你去看去认识那些无字的书。

你要有大成大就，就要让你周围的人愿意跟你打交道。

文史哲是人文方面的东西，是弄清心灵的。

(8) 叶先生说过艰辛和苦难

在这片丛林中，想到了从小村走进学堂直到最后考上大学的艰辛历程，想到了作为教师数十年的呕心沥血和历经的种种磨难。

深深地感受到了旅途的艰辛，我总想着自己是一个艰难跋涉的旅行者，我永远都在路上。小村、校园和丛林，只不过是一个接着一个的驿站。

我小时候，想要征服别人；长大一点儿，又想征服世界；如今，只想征服自己。

(9) 先生说过故乡的小河

离开了故乡，无论在哪里都是过客，都是流浪儿，都是游子。我想回去，那里有与我一起长大的朋友，有我童年玩耍的地方，有我的父老乡亲。

人生都是一波三折的，如同故乡的小河。

故乡的小河对我来说，是激情的象征，是一波三折、不屈不挠的。

小的时候，我常常比较村前的小河与村后的黄土坡，我知道，黄土坡只是躺在那里一动不动，而小河是要流向江河与大海的，因此，我知道我也得像小河那样一直向前走。

(10) 先生说过孔子与老子

哲学是人生感悟，对人们都想知道却又无法知道的，你有一套想法，就很难得。

时常想起中国的孔子和老子，孔子要我们知其不可而为之，老子要我们回归到婴儿。

……

先生娓娓道来的讲话，从来都是没有文稿的，是内心自然的流露。我猜想：叶老师所有的门人弟子，一生都会铭记先生那有声的教诲、无言的榜样！叶老师的哲学是先生几十年内功的厚积薄发，是大音希声、大象无形，是无法言说的大智慧，需要门人弟子反复体会，经年累月反刍。

四、结语

先生60岁了，到了“耳顺”之年！我自己也年过40，但是还远远不敢称“不惑”。我自知能力不足，在叶老师门人弟子中，我所占的分量很轻。先生这本渊博的大书中还有很多精彩章节，我还没有读过，还等待我更加深入地阅读，也要等我的阅历增加才能读懂。我自知这一辈子，吃的金融行业的饭，都是先生帮我的，我永远感激先生！

2008年至今，每一次当我回望先生独特的生命体悟的时候，都会收获新的启示。我是先生的粉丝，我这一辈子没有追过明星，只追过，而且至今仍在追着先生。我身不能至，而心向往之！

先生之风，山高水长！

2005级博士

熊志刚

2014年4月19日

在大学的课堂上，特别在大学的研究生课堂上，老师和学生之间不仅是师生关系而且也是战友关系。在我的教学生涯中，我的许多成绩都闪耀着同学们的智慧，流淌着同学们的汗水！大家和我在一起，写下一本又一本的著作，发表了一篇又一篇的研究成果。宋凌峰和我一起写的这篇文章，就是一个很好的例子！这篇文章发表于《经济评论》2007年第一期。它见证了宏观金融工程这个概念和构想在中国这片土地上的产生，也见证了教学相长这种教育思想在金融工程课堂上开出的艳丽花朵！

教学相长之五：共进之花

宏观金融工程论纲

我国的金融体系正处于市场化和国际化的过程中。金融市场化和国际化意味着利率、汇率的放开和资本的自由流动，会带来相应的金融风险。由此，度量和管理金融市场化和金融国际化过程中的宏观金融风险，从而保证金融体系配置资源功能的有效发挥，就显得相当重要。传统的宏观金融模型由于对金融风险的关注不足，难以在度量和管理宏观金融风险方面给出答案。在此背景下，宏观金融工程的提出可以为管理宏观金融风险和有效配置金融资源提供新的思路。

一、宏观金融工程的界定

（一）宏观金融工程的概念

约翰·芬尼迪认为，金融工程包括创新型金融工具与金融手段的设计、开发与实施，以及对金融问题给予创造性的解决。根据金融工程的定义，可以将宏观金融工程定义为通过金融工具与手段的创新设计与重新组合、金融结构的调整和金融制度的变革来解决宏观金融问题。

从宏观金融工程和微观金融工程的关系来看，微观金融工程主要侧重于微观层面的企业金融财务问题，而宏观金融工程将微观金融工程的有关思想和分析方法应用到宏观金融层面，研究部门和国家的金融风险和金融资源使用状况。因此，宏观金融工程是将微观金融工程扩展到宏观金融领域，是金融工程在微观领域运用的自然延伸。

（二）宏观金融工程的主要内容

从内容上看，宏观金融工程包括国家金融资产负债表、国家金融风险管理和国家经济资本管理三个方面。其中国家金融资产负债表是宏观金融工程研究的对象，国家金融风险管理和国家经济资本管理是宏观金融工程的主要方面，有关的经济和金融发展目标是宏观金融工程研究的最终目标。

国家的金融资产负债表是宏观金融工程研究的基础。传统的宏观金融研究的主要对象是反映国民收入的流量表，而较少关注存量分析。国家金融资产负债表的建立可以将宏观金融的研究对象由流量转变为存量，并最终转变为对国家金融资源和金融资产的研究。当国家金融资产可以进行准确的确定和估值时，宏观金融工程就可以发挥作用，即通过国家金融资产的风险管理来实现金融资产的保值，通过经济资本管理来实现金融资源的合理配置。

对国家金融风险管理而言，在金融市场逐步完善的情况下，所有的金融风险都必然影响到资产市场价值的变化。从资产负债表来看，当资产价值发生变化时，资产市场价值的变化也必然影响到权益价值的变化，包括股权和债权价值的变化，由此资产负债表会反映所有的金融风险。因此依托资产负债表，一方面通过研究资产和权益的关系，就可以度量国家和部门的风险状况，另一方面通过管理资产和权益结构，就可以有效地控制和管理国家的金融风险，维护国家经济和金融安全。

对国家经济资本管理而言，是将经济资本管理延伸到宏观金融层面。在微观金融层面，经济资本有两个重要职能，分别为抵御金融风险和分配金融资源。在宏观金融层面，国家经济资本管理一方面要通过国家经济资本的合理配置来抵御各个部门和国家整体的金融风险，另一方面由于经济资本要求必要的回报率，因此要对国家经济资本在各个部门间进行分配，从而提高金融资源的使用效率。

（三）宏观金融工程的基本技术和方法

宏观金融工程将微观金融工程的基本技术和方法运用到宏观层面，在以下几个方面，显得尤为突出。

1. 资产负债表方法，包括国家金融资产负债表的编制和分析。就国家金融资产负债表编制而言，要求对现有数据进行整理，并结合金融市场信息，编制账面价值的资产负债表和资产负债表矩阵、包含风险因素的或有权益资产负债表和资产负债表矩阵。就资产负债表分析而言，可以通过资产和权益关系揭示部门和国家金融风险状况及抗风险能力。具体而言，可以分析部门和总体的期限错配、货币错配、资本结构问题和清偿力问题。

2. 或有权益分析方法。或有权益分析方法主要指期权方法，是宏观金融工程的核心工具。通过期权定价方法，可以使用金融市场的股权和债权价格信息获取资产的市场价值和波动性，从而将账面价值的资产负债表转化为或有权益的资产负债表。

3. 在险值（VaR）方法。在险值方法在微观金融风险管理中是度量金融风险的比较成熟的技术。在宏观金融工程中，在险值方法也可以用来研究利率、汇率和国际资本流动对或有权益资产负债表的冲击，对宏观金融风险进行准确的度量。在此基础上对宏观经济资本度量和管理的有关问题展开分析。

4. 蒙特卡罗模拟方法。在研究风险源对国家金融风险指数的冲击和国家经济资本分配中，要使用到蒙特卡罗模拟技术来获取部门风险和国家金融风险指标的分布状况。

二、宏观金融工程和国家金融资产负债表

（一）国家金融资产负债表的概念

国家金融资产是指可以用货币计量的国家财富，国家金融资产负债表是以货币衡量的国家资产负债表。国家金融资产负债表分为两个层次，分别为部门金融资产负债表和国家金融资产负债表。在部门设置方面，可以划分为公共部门、金融部门、企业部门和住户部门四个部门。

（二）国家金融资产负债表的基本内容

国家金融资产负债表包括四个方面的内容，分别为国家金融资产负债表、国家金融资产负债表矩阵、或有权益资产负债表和或有权益资产负债表矩阵。

国家金融资产负债表或称为账面价值的资产负债表，反映公共部门、金融部门、企业部门和住户部门四个部门和国家整体的资产、负债和净资产状况。通过国家金融资产负债表，一方面反映资产和负债的有关信息，包括期限和币种状况，可以用来进行期限错配、货币错配、清偿力问题和流动性问题等的分析；另一方面可以反映四个部门和国家整体的相互关系。

国家金融资产负债表矩阵反映公共部门、金融部门、企业部门和住户部门彼此间金融资产负债的对应关系。通过资产负债表矩阵，可以对风险在四个部门的传递进行研究。

或有权益资产负债表是包含风险信息的市场价值资产负债表。或有权益资产负债表编制的理论依据是期权定价理论。根据或有权益的有关理论，可以将资产负债表右边的负债和权益看作看跌期权和看涨期权，由于看涨期权和看跌期权的期权价值可以用市场的股票和债券的价值来衡量，运用期权公式就可以得出资产负债表左边资产项的市场价值和波动性，以此为基础可以编制或有权益资产负债表。或有权益资产负债表的编制使记录经济活动的资产负债表变成了刻画风险状况的资产负债表，使账面价值的资产负债表变成市场价值的资产负债表，使静态的资产负债表变成动态的资产负债表，使离散的资产负债表变成连续的资产负债表。

或有权益资产负债表矩阵是反映定量描述金融风险在部门间传递的表。根据或有权益分析的有关理论，部门间的风险传导可以使用隐含期权进行研究。通过对隐含期权进行估值，就可以对部门间传导的风险进行识别和度量，并最终反映为或有权益资产负债表矩阵。

三、宏观金融工程和国家金融风险管理

（一）国家金融风险管理的基本框架

国家金融风险管理的研究可以分为三个层次。

第一个层次是思想层面，根据金融工程和风险管理思想，国家金融风险管理可以从风险界定、风险识别与度量和风险管理三个方面依次展开。第二个层次是框架层面，金融国际化是分析的背景，国家金融资产是分析的切入点，国家金融风险识别和计量是分析的基础，国家金融风险管理是分析的目的。第三个层次是内容层面。

在内容层面，首先研究利率市场化、汇率市场化和国际资本流动，原因在于利率、汇率和资本流动是金融风险的风险源。其次，编制部门和国家资产负债表，分析利率、汇率和国际资本流动对资产负债表和或有权益资产负债表的冲击。再次，在风险识别和计量方面，度量金融国际化对资产负债表和或有权益资产负债表冲击的程度。既要研究国家整体金融风险，也要考察四个部门的结构风险，并且在四个部门之间风险是相互传导的。在国家整体的金融风险方面，在部门金融风险研究的基础上，进行国别分析和比较，并结合其他难以计

量的风险因素，编制出国家金融安全指标，并划分安全区域。从次，根据部门和国家风险状况，提出防范和管理金融风险的工具和机制，包括风险预警机制、快速反应机制和风险处置机制，并构造相应的政策体系和制度体系。最后，构造考评体系，对国家的金融风险管理状况进行考评，并将考评的结果及时反馈到风险源头进行调控，由此构成一个完整的循环。

（二）主要内容

1. 国家金融风险度量

国家金融风险度量分为部门和国家整体两个层次。在部门金融风险度量中，使用两类风险指标，第一类为反映信用风险的指标，分别为违约距离、违约概率和信用溢价。对信用风险的关注的原因在于部门所有风险最后都会归结到信用风险，控制部门的信用风险，就基本上可以控制国家发生金融危机的可能性。第二类金融风险指标是 VaR，反映部门的整体风险，既包括信用风险，也包括市场风险和其他风险。

在国家层面，金融风险主要通过金融风险指数来反映。金融风险指数通过资产负债表和资产负债表矩阵的有关指标、或有权益资产负债表和或有权益资产负债表矩阵的有关指标、部门的有关风险指标和其他指标构成，其中的函数关系由不同国家（地区）数据进行横截面分析获得。在构造国家金融风险指标后，运用情景分析、压力测试和蒙特卡罗模拟研究利率市场化、汇率市场化和国际资本流动对国家金融风险指数的冲击，形成金融风险指数的概率分布。在此基础上按照 99%的置信度确定金融安全临界线，按 95%的置信度确定金融安全预警线。

2. 国家金融风险管理

国家金融风险管理包括风险管理机制、风险管理工具、风险管理政策和风险管理制度等四个方面。

在风险管理机制方面，建立国家和各个部门的金融安全预警机制、快速反应机制、损失控制机制等。在预警机制方面，根据国家和部门金融安全指标体系给出的信号将国家金融风险分为不同的区域，在较低风险的区域实行常态管理，在风险中间区域实行危机预防管理。在风险管理工具方面，分析国家和各个部门风险管理的需求，发展金融市场来提供管理金融风险的各种金融工具。从国家和各个部门对风险管理的需求来看，包括风险分散、转移和保险等方面，由此要发展相应的现货市场、衍生市场和保险市场。就衍生市场而言，包括发展远期、期货和期权市场，为各个部门和国家提供管理风险的市场和机制。

在风险管理政策方面，根据住户部门、企业部门、金融部门、公共部门的风险和风险管理状况，制定相应的产业政策、对外经济政策、金融政策和财政政策，并根据国家金融风险状况和金融安全的需要进行各项政策的协调。从部门出发的政策可以更好地满足各个部门对风险管理的需求。在风险管理制度方面，主要包括资产负债管理体系和金融稳定基金体系建设两个方面。就资产负债管理体系而言，包括国家和各部门的资产管理体系、负债管理体系和资产负债结构管理体系。在金融稳定基金方面，根据国家和各个部门资产的市价和波动性可以计算国家和各个部门金融风险的在险值，以此作为衡量国家及其各部门维持金融系统稳定所需的隐性成本，在此基础上建立国家金融稳定基金体系、存款保险体系和担保体系，并构建相关的制度和法律安排。其中存款保险体系主要针对金融部门，担保体系主要针对企业部门。

3. 对国家金融风险管理的评价

设计考察国家金融风险管理的机制、工具、政策和制度运行效率的指标体系，并定期使用有关指标进行评价，包括公共部门、金融部门、企业部门、住户部门和国家整体等两个层面。根据各项指标的评价结果对有关机制、工具、政策和制度进行调整，从而改善和提高国家金融风险管理状况。

四、宏观金融工程和国家经济资本管理

（一）国家经济资本管理的基本框架

国家经济资本管理的研究可以分为三个层次。从思想层面来看，国家经济资本管理包括国家经济资本的界定、国家经济资本的度量和国家经济资本的管理。在框架层面，国家经济资本度量主要为国家经济 VaR 的确定，国家经济资本管理包括国家经济资本的分配和绩效评价等。从内容层面来看，国家经济资本的界定包括国家经济资本、国家经济 VaR、国家净资产、社会储备等概念的提出。国家经济 VaR 的确定包括首先确定公共部门、金融部门、企业部门、住户部门的 VaR，然后确定国家整体的 VaR。在国家经济资本分配方面，考察部门利润率和社会资金的必要回报率，从而将经济资本在部门间进行合理分配。在对国家经济资本进行分配后，要定期进行绩效评价，对经济资本进行再分配。

（二）主要内容

1. 国家经济资本管理的界定

国家经济资本管理使用国家经济资本、国家经济 VaR、国家净资产、社会储备等主要概念。国家经济资本是为抵御金融风险应该持有的最低资本水平。国家经济 VaR 是一定时期内国家金融资产在 99%的置信度下对目标水平的最大

偏离。国家净资产是指国家拥有的净资产总量。社会储备是指部门和国家为抵御金融风险而积累的储备，包括外汇储备等。

2. 国家经济资本的度量

国家经济资本的度量要求计算国家经济的 VaR。国家经济 VaR 的计算包括部门 VaR 和国家整体 VaR。部门 VaR 包括公共部门、金融部门、企业部门、住户部门的 VaR，根据部门资产的分布结合资产价值增长的预期目标来获得。对于国家 VaR 的计算，首先将宏观经济的有关目标转化为资产存量增值的目标，然后结合部门的 VaR 进行计算得到。

3. 国家经济资本的管理

国家经济资本的管理是指通过对国家经济资本的合理配置来提高资金的使用效率。使用社会资金的必要回报率作为客观标准，建立合适的渠道使经济资本由利润率较低的部门向较高的部门转移，从而提高金融资源的使用效率，推动有关宏观经济指标的实现。

国家经济资本管理的一个重要环节是绩效评价。对各部门经济资本的存量和使用效率进行跟踪，及时根据需要进行调整，提高资金的使用效率。

（三）国家金融风险管理和国家经济资本管理的关系

国家金融风险管理和国家经济资本管理是紧密联系的。首先，国家金融风险管理是国家经济资本管理的基础。只有对国家和部门的风险进行准确的度量，才能对要求国家和部门持有的储备数量进行确定。其次，国家宏观经济资本管理的重要目的是在部门和国家两个层面持有合适的经济资本水平来抵御金融风险。

五、结论

宏观金融工程作为金融工程在宏观金融领域的创新，将宏观金融风险管理和金融资产管理建立在比较客观的基础上。在这个意义上，宏观金融工程不仅是国家金融风险管理系统，而且是国家经营管理系统。

宏观金融工程在理论和实践上都有重要的指导意义。从理论上看，宏观金融工程在国家金融资产负债表的基础上，研究国家金融风险管理和国家经济资本管理，从而将宏观风险管理和价值保值增值建立在定量分析的基础上。从实践上看，通过将微观层面的风险管理和经济资本的方法引入宏观金融领域中，为宏观金融风险和价值保值增值提供新的方法和工具，如 VaR 的运用不仅可以对宏观金融风险进行度量，也可以对应该持有的风险储备进行定量分析，从而对我国经济发展发挥积极的推动作用。

宏观金融工程作为金融工程在宏观领域的拓展，将为我国金融研究开辟新的领域，也将为我国经济发展带来深远的影响。

叶永刚 宋凌峰

我在2022年年底接到学校给我的荣休通知。荣休者，退休之美称也。我的弟子彭红枫为了安慰我，从山东财经大学写来了一篇文章让我十分感动！

教学相长之六：荣休时的慰藉

心怀国之大者、情系武大金融

——致敬中国金融工程学科的首倡者叶永刚教授

我于2002年有幸师从叶永刚先生，成为叶先生的第二届博士生。跟随先生学习4年后又成为先生的同事一起共事多年，回想当初，仿若昨日。其间我见证了先生创立中国金融工程学科过程中的艰辛和努力，参与了先生金融工程理论与实践发展的中国贡献——宏观金融工程理论体系和中国实践，先生人品、学识、毅力、人生态度无不令人折服，激励着我前行。2018年我调离武汉大学到山东财经大学金融学院工作，常常用先生的教导激励自己。先生“黑夜追赶着我，我追赶着太阳”的诗句，常常在我耳边响起，使我不敢懈怠。每次回武汉，我都会抽空去看先生，每次都有收获，收获的不仅是先生淡泊名利、开拓创新的治学风骨，亦感于先生胸怀“国之大者”、挺膺担当的珞珈情怀。

晚学谨以此文记一人耕耘珞珈山下四十载，开一门亭亭如盖桃李旺，循一心求索至臻不倦怠。而今先生荣休，此文忆往昔敬赠先生。

一、筚路蓝缕，玉汝于成——中国金融工程学科的创立和发展

先生1997年从康奈尔大学回国时，带回了一大包与金融工程相关的英文书和资料。先生在美国就前瞻性地意识到把工程化的思维引入金融学科，将极大影响金融理论与金融市场的发展，对我国金融学发展有重大意义。于是用自己有限的资金买回了价格昂贵的教科书，在机场还因为书籍超重，但美元已花完，差点没能办理托运，幸亏送行的校友解囊才得以成行。回国后，先生带领团队

集体阅读解析带回来的这些书籍和资料，在充分消化吸收的基础上，结合中国金融市场的实际，编写了国内第一套本土化金融工程系列教材，获得学术界的一致好评。曾几何时，金融学教材的本土化是国人孜孜以求的夙愿，这个夙愿在先生这实现了。也正因如此，《金融工程》一书（叶永刚主编，武汉大学出版社，2002年）获教育部“普通高等学校优秀教材”二等奖，并成为国家“十一五”“十二五”及“十三五”规划教材。

先生注重金融工程的专业建设，对中国的金融工程专业的设立和推广厥功至伟。在国人对金融工程还了解甚少的20世纪90年代中后期，先生积极地向学界同行和教育部高教司的领导们介绍金融工程的内涵、发展及中国开办金融工程本科专业的重要性和可行性，在先生的努力下，2001年高教司和各校代表齐聚武汉大学，就金融工程本科专业的设立展开研讨，自此金融工程专业在武汉大学、中国人民大学、厦门大学、中央财经大学及西南财经大学等五所高校进行试点招生。武汉大学金融工程专业的发展离不开先生的不懈努力，先生精心审阅专业的培养方案，并积极推动课程建设。此后，先生积极推动金融工程专业在全国的设立，在先生的支持和帮助下，全国陆续有200多所高校开设了金融工程学的本科课程。先生作为负责人的课程“金融工程”先后成为国家精品课程、国家精品资源共享课程，并于2023年入选国家一流本科课程。

为更好地推动中国金融工程学科的发展，加强各高校之间的交流与合作。在全国各高校的支持和配合下，叶先生建立中国金融工程学年会，年会秘书处设在武汉大学，先生担任秘书长，做好为各高校服务和协调的工作。截止到2022年，年会已连续召开22届，为中国金融工程学科发展和金融工程研究做出积极贡献。

二、奋于笃行，臻于至善——金融工程理论与实践发展的中国贡献

在金融工程快速发展并深刻影响到金融市场时，叶先生已将目光投向了金融工程的宏观化领域，并将微观金融领域的研究思路和方法创新性地运用到宏观领域。经过较长时间的思考、论证及分析后，先生首次提出了宏观金融工程的理论和分析框架。先生将整个经济体作为分析对象，以部门结构为依托，从宏观资产负债表、宏观金融风险管理和宏观经济资本管理三个层面分析国家金融风险和金融资源的使用状况，并通过金融工具、手段、机制、结构等的创新为经济体系带来活力。宏观金融工程不仅是国家金融风险管理系统，而且是国家经营管理系统，可以为宏观经济稳定健康发展和国家金融安全提供支撑。

具体而言，宏观金融工程将国家从整体上看作一个企业，将各个行业和区域

看作子公司，运用资产负债表的方法研究和编制国家资产负债表和公共部门、金融部门、企业部门和家庭部门资产负债表，并运用期权定价理论和或有权益的分析方法研究和编制宏观或有权益资产负债表。然后运用宏观资产负债表和宏观或有权益资产负债表的相关数据和指标构建宏观金融风险的指标体系，并在宏观压力测试和蒙特卡罗模拟的基础上，确定宏观金融风险的安全区域。

在此基础上，先生带领弟子们编制了全球和中国各省、直辖市及自治区的资产负债表和或有权益资产负债表，将宏观金融工程分析方法应用到区域和国家的宏观金融风险分析之中，在此基础上引入了情景分析、压力测试等方法对资产负债表受外部因素的冲击进行评估，度量了各国和中国各省的系统性金融风险。

先生在宏观金融工程领域开拓性的工作和贡献，得到了学者们广泛认可，中国著名金融学家、教育家，原中国人民大学校长黄达先生的评价是最好的例证，黄达先生说："金融是一个复杂的大系统，金融学也是一个复杂的体系。在宽口径的金融学概念下，可以从宏观金融分析和微观金融分析两个层面进行区分。金融工程作为金融学的新兴学科之一，近二十多年来在国际上得到了快速发展，在我国的引进和发展也有十多年。一般理解，金融工程就是微观金融分析。而这样一种受到普遍重视的分析方法，是否也能应用于宏观金融方面呢？对于这个问题，我是在2000年首次从武汉大学叶永刚教授那里得到肯定回答的。近十年来，叶永刚教授一直从事这个新领域的探索，并已初步形成体系。"

先生在宏观金融工程领域一系列的研究也得到了学术界广泛认可。"宏观金融工程研究"于2007年获得教育部哲学社会科学研究后期资助重大项目，先生的著作《宏观金融工程：理论卷》获高等学校科学研究优秀成果奖（人文社会科学）二等奖。

三、高山仰止，景行行止——不吝气力提携后进

叶先生常讲，老师不仅要传道、授业、解惑，更要帮助学生成功，教给学生"成功学"。先生不仅是这么说，也是这么做的。先生对我、对于每一位学生都是如此。为了学生成功就业，他通过各类渠道主动搭桥牵线，先后帮助多位学生联系实习或就业单位。学生工作后，他仍始终心系学生，与学生们保持密切联系，随时了解其思想动态及工作近况，引导学生保持良好心态，培养适应岗位和社会的能力。叶先生写道："武汉大学不仅有樱花树，还有一种香樟树，香樟树的落叶，也是在春天飘落，它舒展着金红色的叶片，像樱花雨一样随风飘落。当它飘落时，书上已经泛起浓绿的叶片，它就是要让自己的飘落，与新

叶的绽放同时进行。”桃李不言，下自成蹊。先生正是燃烧着自己，全心全意地助推着学生的成功。

先生常讲，我们不仅要修身修心，还需修行。先生将这些想法称为“三修论”。修行，就是要我们理论联系实际，要我们知行合一，就是生活之树常青，就是要惠及他人和民生。先生常说：古人讲“达则兼济天下，穷则独善其身”，其实这样的说法不对，应该是“达则兼济天下，穷亦兼济天下”。先生言传身教，离开故乡多年，时刻不忘故乡的乡亲，一次回故乡时下雨，看见乡亲们走在泥泞的土路时，先生出资为故乡修了一条路。先生自比为珞珈山的一棵浅草，爱校如家，静静地守护着武汉大学的金融学科，极力地维护着武汉大学金融学科的学术声誉和学术影响力。

我到济南工作后，先生每次给我打电话，都会将自己从古人智慧中琢磨总结出来的健身经验告诉我，继续教授我人生的“生命学”，叮嘱我劳逸结合、注意身体，并为我在山东的发展指点迷津。

2023 年 3 月，武汉大学经济与管理学院为先生举办了荣休仪式，先生 70 岁时正式退休了。特写此文回忆先生的珞珈情结、学者精神，对中国金融工程专业建设的贡献以及在宏观金融工程领域开拓性的研究，作为武汉大学建校 130 周年的礼物，也是对叶先生荣休的纪念。祝愿先生健康长寿!

彭红枫（山东财经大学金融学院）
2023 年 6 月于山东济南

第十三章 13

恩师在课堂

关于恩师在课堂

——珞珈山课堂随想之十二

有人说，大学之大不是因为有大楼，而是因为有大师。我们武汉大学之大，既有大楼，又有大师。我们的大楼，既是中国，也是世界最美最美的大楼。我们的大师，几乎在每一个学科，都是出类拔萃，星光灿烂。

此生有幸。我不仅能够成为这里的学生，而且成为这里的老师。无论是在这里做学生还是做老师，都可以使我们在课堂上，在老师们身边耳濡目染，如沐春风……

叶永刚

2024 年 5 月 5 日

于珞珈山

今天的课不上了

——记谭崇台先生

2024 年 2 月 12 日，大年初三。

我上午从黄陂老家回校。下午，我一个人走进经济与管理学院。在过去的一年里，由于学院刚刚举办武汉大学 130 周年的系列校庆活动，院内院外处处焕然一新。我走在学校的走廊里，看到了墙上布置的各种栏目和展板，内容丰富，形式多样。其中，有一个栏目叫作“先贤名师”，上面展示着学院已经逝世的各位名师的照片和主要事迹介绍。我走近我的博士导师谭崇台先生，看着他的面容和微笑，万千思绪，油然而生。

在他的相片旁边，写着一行文字：

> 谭崇台（1920—2017），四川成都人。1943 年毕业于武汉大学经济系，1947 年获美国哈佛大学硕士学位。1948 年回到母校武汉大学任教，职称为副教授，1978 年晋升为教授，其间先后担任了武汉大学校务委员会副秘书长、经济系副主任等职务，是我国著名经济学、人文社科资深教授，获“张培刚发展经济学优秀成果奖”。长期从事西方经济学，特别是发展经济学的教学和科研工作，被认为是将西方发展经济学引进中国的第一人，致力于以马克思主义理论为指导，与中国实际相结合的新型发展经济学理论的构建。

看着这些文字介绍，我想起师从谭崇台先生学习的一件往事。

那一年谭先生破例招了 5 个博士研究生，有吴海华、李中伟、王永海、江春和我。开学了，谭先生给我们上专业课。我们所使用的是英文原版教材亚当·斯密的《国富论》和凯恩斯的《通论》。

有一次，我和另外一个同学迟到了。谭先生一直等着我俩，等了好久，才看到我们姗姗来迟。谭先生那天非常生气，他觉得做学生就不应该这样吊儿郎当的。他气得将教案一扔，重重地甩了一句：“今天的课不用上了！”说完他就走出了课堂。

从此之后，我们这一批学生再也不敢迟到了！

谭先生如此严格要求我们，使我们这些从事教师岗位的弟子们，永远都不敢忘记他对我们的言传身教，永远都要求自己在课堂上绝不迟到，而且要求自己的学生们，同样不要迟到！不仅不能迟到，而且该教好的要教好，该学好的要学好！做人做事都不能马马虎虎、粗枝大叶，一定要高标准、严要求！

叶永刚

2023 年 2 月 15 日

于珞珈山

“牛肚子理论”

——记张培刚先生

在先贤名师栏中，我看见张培刚先生的介绍：

> 张培刚（1913—2011），湖北黄安（今红安）人，1929年2月考取武汉大学文预科就读。1930年入读经济系本科。1934年毕业后到前中央调研院社会科学研究所从事农业经济研究工作。1941年考取清华大学留美奖学金。1945年获哈佛大学经济系博士生学位。其博士学位论文《农业与工业化》获哈佛大学优秀博士论文奖威尔士奖，开发展经济学之先河。1946年受周鲠生校长之邀回国，应聘担任联合国亚洲及远东经济委员会顾问及研究员。1949年年初至1951年继续担任武汉大学经济系教授及系主任。1952年年底调至华中工学院工作。

看完这些介绍文字，我又想起了张培刚先生在武汉大学课堂上给我们上课的情景。

改革开放后，中国的高等教育逐步恢复高考和走上正轨。武汉大学的本科生教育和研究生教育得到突飞猛进的发展。谭崇台先生在经济系牵头创设了发展经济学的博士点，并聘请张培刚先生为该博士点的博士生导师，为该博士点讲授西方经济学和发展经济学课程。

张先生人生阅历丰富、学识渊博、性格乐观。他给我们上课的场景历历在目。

我记得他仅在黑板上画了一个供求曲线图就围绕着这个图形给我们整整讲了一上午的课程，让我们对西方经济学的基本原理有了极其深刻的理解。

他在讲发展经济学时，给我们讲了一个故事，之前他放养的那头大水牛陷进泥潭，怎么也爬不上来。

最后生产队里的人都围拢来想办法。

有的建议牵牛鼻子，把牛拉起来。但整了半天，还是拉不动。

有的人建议拽牛尾巴。这样也不行。

最后有人找来一根大木杠，塞进牛肚下面，用木杠将牛的腹部撬动起来，结果这头大水牛很快就从泥潭中爬了起来。

接着，张培刚先生笑着告诉我们："现在大家都在讨论中国中部经济发展问题，并且有人戏称现在是'中部塌陷'了，拖了全国经济的后腿。如何才能让中部经济尽快赶上去。仅靠沿海和西部发力是不够的，还得东中西部协同发展。只有撬起中部这个'牛肚子'，中国经济才能真正腾飞。这叫作'中部经济崛起'理论，也叫作'牛肚子理论'!"

张培刚先生就用这个放牛的故事，讲清了中部经济崛起的大道理，让我们在课堂上对他佩服得五体投地!

叶永刚

2024 年 2 月 22 日（农历正月十五）

于珞珈山

在他身边的日子里

——记李崇淮先生

我久久凝望着先贤名师榜中李崇淮先生的照片和那一段记述着他不平凡经历和成就的文字。

> 李崇淮（1916—2008），江苏淮阴人。曾在清华大学、华西大学经济系学习。1941年在美国耶鲁大学经济系研究生院学习，1945年获经济学硕士学位，1946至1949年任交通银行汉口分行监理兼武汉大学经济系特约讲师，1949年被聘为武汉大学经济系教授，1950年筹办武汉大学银行专修科，担任副主任。曾任武汉大学总务长、经济管理系主任、经济管理学院副院长等职位，为武汉大学金融学科的成长和发展起到了奠基性的作用。1983年5月提出“两通起飞”战略的构想，激活了武汉的改革开放局面。

我于1971年考入武汉大学经济系，我在课堂上听李崇淮先生给我们讲货币银行学，我们印象最深的是他给我们讲黄金非货币化问题，因为他是中国黄金非货币派的领军人物，所以关于货币形式的分析具有十分深刻的见解。

正因为我们在本学科课堂上受过李崇淮先生的熏陶，所以近些年来，当我们看到国内外有些人在鼓吹恢复金本位制时，我们马上就会想起李先生当年的上课情景，而且很快就会想到这些所谓的理论和改革，早就被我们李先生分析得十分通透，并且批驳得体无完肤了。

我在武汉大学经济系毕业后，有幸能在本校任教，而且是在李崇淮先生创办的国际金融系工作，我记得留校时间为1983年。当时中国迎来了一个改革开放的新时代，武汉大学更是在中国的教育界勇立潮头。李崇淮先生当时带领我们不仅学习专业，而且密切关注现实问题，积极投身中国的经济建设前沿。

我留校跟着李崇淮先生干的第一件事就是研究中国的股份制改革和股票市场建设。他是中国当时第一个系统研究股份制在中国应用的学者，他带着我们写下的《股票市场基本知识》是中国改革开放后第一本关于股份制和股票市场分析的专著。

所以，当我们看到中国有人竟然以“股份第一人”相称时，我们这些当年跟随李崇淮先生从事这些研究的老师和弟子们对此不以为然。如今，李崇淮先生已经逝世，但是他的思想和著作依然留在我们这些学生们的记忆中，像金子一样闪闪发光。

叶永刚

2024 年 2 月 22 日（农历正月十五）

于珞珈山

已经大彻大悟了

——记王之柱先生

我这一辈子值得庆幸的事情真是太多太多了。我不仅赶上了中国的改革开放时代因恢复高考而上了大学，而且上了武汉大学这座名牌大学，上了武汉大学经济系，还在课堂遇见了一大批在国内外极负盛名的经济学大师。即使有很多老师没有被写在这里的先贤名师榜上，也是非常非常敬业，非常非常厉害的……

我又想起了在课堂上给我们上博士课的王之柱教授。

有一天，我们的博士导师谭崇台先生将我们新招来的几个博士研究生召集到一起。他告诉我们所要学习的学位课程，并特别强调，他已经动员王之柱教授来给我们讲“数理经济学”。

他怕我们不明白这件事情的意义，反复强调：“王之柱老师是国内极少数能将数学和经济学打通的教授。他开的这门课，连我都想去听！”

开课了，王之柱教授来了。

他笑眯眯地走上讲台，从书包中拿出一本厚厚的外文原版《数理经济学》教材。

他说：“这是一本国外经典的教材，已经出了好多版本了，这是最近版本。这本教材我给大家讲两个学期，每周学完两章。所有的课程都采用提问的方法来学习。你们先看，上课时你们每个人先提问，我来回答。你们提完了问题，我再来提问，你们每个人回答。第一讲概论还是我先来讲。”王之柱先生的课程就这样开始了。

王之柱先生的这种“提问法”的教学方式，真是少之又少！这是在督促我们课外看书啊！如果我们不在课外花大量的时间阅读和思考，我们根本就提不出问题来，而且要回答他的问题，那就更是难上加难了！

以后，每次王之柱先生来到课堂，就是用这种办法来给我们上课。我们先提出问题，他来回答。他的回答总是简明扼要，切中要害，让我们一听就明白。

接下来，他提问，我们回答。当我们回答不对时，他就及时纠正，让我们刻骨铭心，印象十分深刻！

一年的“数理经济学”不知不觉就这样过去了。这一年我们不仅在课堂上学到了数理经济学，而且深刻理解了数学和经济学的关系。正如王之柱老师告诉我们的那样，学习数理经济学最重要的不是数学公式，而是数学公式中的经济学含义！

王之柱老师这门课程对我们这些学生的学术生涯有着极其重要的影响。他用这种极其独特的教学方式和他自己极其渊博的数理经济学知识，渐渐清除了我们这些学生特别是文科背景的学生对数学的恐惧心理。我们不再害怕数学！数学对我们学经济学的人来说，不就是一种工具吗？我们需要的，我们就去学，我们不需要的，其实也用不着多去费心！我们在学习它们时，用的是经济学方法，而不是自然科学方法。数学一旦与经济学结合起来，我们这些学习经济学的人就不难理解了，就不用再害怕它了！

正因为我在武汉大学的课堂上，上过王之柱先生的这门“数理经济学”课程，所以我后来在康奈尔大学课堂上遇见刚刚兴起的金融工程时，我毅然决然选择了这个研究方向，并将这个学科带回了中国，带回了我们美丽的珞珈山，带回了王之柱老师曾经给我们讲授“数理经济学”的课堂！

王之柱先生的课程就要结束了。在最后的一堂课上，王之柱先生告诉我们：“同学们，谢谢你们这一年来对我教学工作的支持，我真诚祝愿你们在今后的学术道路上不畏艰难，不怕数学，勇于探索，勇敢攀登！并且，我相信你们在座的每一个人都能成为我出色的关门弟子！”

我们在座的全都听懵了！我们问他：“王老师，您后面不再上课了？”

王之柱先生笑着说：“不上了，我已经大彻大悟了！”说完这句话，他就走出了课堂。

后来我们才打听清楚了，王之柱先生给我们上课时，已经知道自己身患癌症了。上完我们这门课没多久，他就去世了！

王之柱先生，我们怀念您，永远怀念您啊！

叶永刚

2024 年 2 月 23 日

于珞珈山

后 记

到了写后记的时候了。在这篇后记中，我想着重讲一讲，金融工程与中国式现代化的关系问题。在本学期最后一次金融工程课堂上，我给同学们反复强调了这种关系。

中国的金融是一座高山，中国式现代化是另一座高山。在两座高山之间，需要架起一座金桥，这座金桥就是金融工程的“工程化”，或者说是金融的工程化。

我们现在的金融工程，很多人都在走西方国家的路子，主要是数理化和计量化，见树木而不见森林。这就有可能使金融工程这个学科的发展道路越走越狭窄，而不是越走越宽广。

我们的金融工程从它在中国的大地上诞生时，就一直强调宏观微观的一致性，强调理论联系实际的实践性，而不是现在很多人津津乐道的数理化、计量化和微观化。

我们不仅要强调金融“工程化”的重要性，更重要的是要解决金融工程化的可行性，要解决金融如何“工程化”的问题。

我告诉同学们，如果我们的金融工程可以解决“方法论”和“路径论”这两个问题，“工程化”的问题就可以得到解决。

“方法论”的问题我们基本解决了，金融工程套利图已经明确勾画了主要轮廓。我们要做到“一手抓三条鱼”，就需要弄懂无套利分析法、积木分析法和金融风险分析法。

“路径论”的问题，我们也已经讨论过了。我们曾经简称要实现“五化”，即资源资产化、资产资金化、资金产业化、产业全球化和全球产业金融风险管理系统化。

我们现在还需要解决的一个重要问题就是“方法论”和“路径论”之间的关系问题。

“方法论”之一即无套利分析，所要解决的是“B 点论”的问题，是要解决钱从哪里来的问题。对应的“路径”就是“资源资产化和资产资金化”。

“方法论”之二即积木分析法，所要解决的是“A点论”的问题，即钱往哪里去的问题，对应的“路径”就是“资金产业化和产业全球化”。

“方法论”之三即金融风险分析法，所要解决的是“C点论”的问题，即钱的风险如何控制的问题，对应的路径就是“全球产业金融风险管理系统化”。

有了“方法论”和“路径论”的对应和联结，我们就可以形成具体的金融工程措施和方案；甚至，我们还可以进行总结和提炼，反复实践后形成“模式化”。

金融工程如果从理论上解决了“方法论”和“路径论”的问题，金融工程化问题也就可以迎刃而解了。

于是，金融与经济中间的这座金桥也就可以“横空出世”了。我们的金融工程也就可以推进中国式的现代化了。

讲到这里，我真想对大家高喊一声：“同学们，加油啊!”

叶永刚

2022年11月15日

于珞珈山